Five Arguments All Couples (Need To) Have
And why the washing-up matters

爱的五种争吵

构建富有弹性的亲密关系

〔英〕乔安娜·哈里森 著
（Joanna Harrison）

田 静 译

中国出版集团
中译出版社

图书在版编目（CIP）数据

爱的五种争吵：构建富有弹性的亲密关系 /（英）乔安娜·哈里森著；田静译. -- 北京：中译出版社，2023.3

书名原文: Five Arguments All Couples (Need To) Have: And why the washing-up matters

ISBN 978-7-5001-7302-1

Ⅰ. ①爱… Ⅱ. ①乔… ②田… Ⅲ. ①婚姻 – 家庭关系 – 研究 Ⅳ. ①C913.13

中国国家版本馆CIP数据核字（2023）第030465号

Copyright © Joanna Harrison, 2022
First published in Great Britain in 2022 by Souvenir Press, an imprint of Profile Books Ltd.
Simplified Chinese Translation Copyright © 2023 by China Translation & Publishing House
All rights reserved.
著作权合同登记号：图字01-2023-0317号

爱的五种争吵：构建富有弹性的亲密关系
AI DE WUZHONG ZHENGCHAO: GOUJIAN FUYOU TANXING DE QINMI GUANXI

出版发行：中译出版社
地　　址：北京市西城区新街口外大街 28 号普天德胜大厦主楼 4 层
电　　话：（010）68359101；（010）68359287
邮　　编：100088
电子邮箱：book@ctph.com.cn
网　　址：http://www.ctph.com.cn

策划编辑：张　斐
责任编辑：于建军
封面设计：潘　峰
排　　版：北京杰瑞腾达科技发展有限公司
印　　刷：北京诚信伟业印刷有限公司
经　　销：新华书店

规　　格：710mm×1000mm 1/16
印　　张：14
字　　数：180 千字
版　　次：2023年3月第1版
印　　次：2023年3月第1次

ISBN 978-7-5001-7302-1　　　　定价：58.00元

版权所有　侵权必究
中 译 出 版 社

献给鲁珀特（Rupert），因为有你，才有了这本书爱的对立面不是恨。只要不是一潭死水，这两者就可以共存。爱的对立面是冷漠。

亨利·迪克斯（Henry Dicks），1967 年

如果我们选择了一个亲密伴侣，在许多情况下，我们都面临着身体和精神上的共享空间的问题。

罗纳德·布里顿（Ronald Britton），2003 年

我希望夫妻们能一直吵吵闹闹，因为这一点儿不和谐恰恰是生活的调味品。

摘自"我做，我会，我有"，奥格登·纳什（Ogden Nash）

拿到这本书英文原稿的时候,因为翻译时间比较紧迫,我每天在结束自己的常规工作后,都"必须"坚持坐在电脑前数小时。说实话,其间最大的动力就是书中的文字,于我而言,它不再是一页页的文档,而是之前一二十年我曾经历的一幕幕。它是那么神奇与真实,有时我还会与我老公讨论得哈哈大笑,因为我们觉得这里面的场景是那么似曾相识,也会开玩笑说,原来他们(外国人)也一样,有着和我们如此相似的夫妻矛盾、婆媳矛盾和育儿矛盾。

作者从夫妻间如何相互沟通、如何对待彼此的家人、如何分工合作、如何处理彼此之间的距离以及性生活中遇到的各种问题等五个方面为我们描绘了一幅幅栩栩如生的画面,我们在其中可能看到了我们的父母、朋友、邻居、同事……但更多的是看到了我们自己,犹如生活的慢镜头在一幕幕地播放,我们边看、边想、边思考、边咀嚼,边体味。

爱是什么？这可能是我们一生都在思考，却又在不同的阶段会有不同答案的一个问题。年轻时它是执着而热烈的，心里只会想着对方的"美"与"好"，没有那么多的洗碗做饭，没有那么多的"忙来忙去"，夫妻之间没有孩子的存在，也很少会牵扯双方的大家庭，更多的是卿卿我我、你侬我侬、浪漫与鲜花、激情与心动。再往后，两个完全没有任何关系的陌生人因为爱情而步入婚姻，两个人都有着太多自己觉得"很正常"或者"正确"的生活和处事方式，把自己早已习以为常的一切带入了这个与彼此精神和身体共享的空间，包括洗碗这一件每天都要做但却可能不会去想的事情。你们家每天谁负责洗碗？是自愿的还是协商好的？是谁有空谁洗吗？会不会有空的经常都是你？你是有了脏碗就洗还是攒了一堆才洗？洗得干不干净？之前根本不会去想或者根本不是问题的问题，此刻都有可能演变成争吵。

人们常说"打是亲，骂是爱"。但我们到底是在什么时候才真正从心底里感受到了这句话呢？我们在吵架时，经常都会希望对方承认错误，或者接受自己的观点和立场，当时的交流障碍会让我们愤怒和痛苦，但冷静过后，可能我们又"忘记"了，这样一次次的累积和痛定思痛过后，有些人可能会冷静分析其中的原因，更好地沟通，从而继续前进；有些人可能就会因此分道扬镳了。

夫妻关系可能是这个世界上最没有血缘的亲密关系，也恰恰是因为这种亲密，会让我们最放松，有时反而会把自己最真实甚至最不理想的一面展现给对方，期望对方可以按照自己心目中的理想模式运转，这中间一定会有很多的不顺利和争吵。孩子的到来让我们体会到迎接新生命的喜悦，同时也会加剧之前的种种争吵，甚至会带来两个大家庭之间的摩擦。

爱情和婚姻都不能只是初见乍欢，更多的是久处不厌。正如作者所言，本书不是一本万能手册，因为生活总是会有那么多的出其不意，本书更多提供给我们的是一种视角：我们是否愿意尽可能地去认可和倾听对方，带着理解和共情的心态去看待对方的原生家庭和在此家庭中成长的他（或她），在婚姻中多一分耐心、信任和理解。这一切都需要良好的沟通和彼此的包容。

性生活以及夫妻共同进行心理咨询和治疗是我们很少会认真思考和讨论的领域，感谢作者从第三方治疗师的角度，帮助我们更好地了解和思考这方面的问题。总之，本书透过更广阔的视角，让我们更好地知己知彼，更清晰地知道在夫妻关系方面要朝着哪个方向付出努力。

北京慧澜国际文化传播有限公司在我翻译本书的过程中给予了大力协助，在此深表谢意！知识海洋浩瀚，译者才疏学浅，如有立论、翻译等不妥之处，敬请读者不吝赐教。

田　静

重庆理工大学外国语学院副教授

2022 年 11 月 20 日于重庆

引　言 / 001

　　五种争吵 / 002

　　洗碗，从未缺席 / 004

　　如何使用这本书 / 005

　　爱在哪里？ / 007

1　沟通（你从来不听我的）/ 009

　　你从来不听我的！ / 010

　　为什么你觉得需要修复一切！ / 016

　　你就是不明白！ / 019

　　徒劳无益，白费工夫 / 021

　　你说话怎么一直像在训人！ / 026

　　你为什么总是说翻脸就翻脸？ / 027

　　什么是沉默治疗？ / 028

　　我们讨厌争执（或总是避免争执）/ 029

　　你不理解我！ / 032

你总是在最糟糕的时候提出问题 / 034

分清轻重——有选择地战斗 / 036

修正会话 / 037

你为什么就不能说声对不起! / 040

保持安全 / 043

不要忘记那些美好的东西 / 044

洗碗又是什么情况呢? / 044

小结 / 045

2 家庭(你妈妈快把我逼疯了)/ 049

见家长 / 050

你是从哪个星球来的? / 051

你为什么要那样做(或者你为什么不那样做)? / 053

食物 / 055

为什么你从来都不表达对我的关心? / 058

何谓夫妻? / 059

为什么你总是反应过度 / 062

这完全不是我希望的那样 / 065

你妈妈快把我逼疯了 / 068

和你家人在一起时,你就好像变了一个人 / 072

照顾的责任 / 072

我的前任快把我们逼疯了 / 074

家庭和洗碗 / 075

小结 / 076

3 角色（你从来不倒垃圾）/ 079

我做的比你多（第一部分）/ 080

我做的比你多（第二部分—我真的做了）/ 084

来自"谁来做什么"的压力 / 088

你只是不把我当回事儿 / 089

你为什么想让我来做那件事？ / 090

钱的问题 / 091

你为什么非得这么担心 / 为什么我就得保证我们按时到达机场呢？ / 094

再来看洗碗的例子？ / 099

不被认可的劳动 / 099

小结 / 101

4 忙来忙去（为什么你总是在看手机 / 你能给我一些私人空间吗？）/ 103

为什么你总是在看手机？ / 104

害怕错过因素 / 107

你太自私了 / 109

我需要我的空间 / 112

为什么你不让我看你的手机（或银行账户）？ / 为什么你认为你有权力看我的手机？ / 114

你越界了！ / 115

你根本没有想到我！ / 116

这一切到底和洗碗有什么关系 / 119

小结 / 120

5 性（难以启齿的事）/ 123

你需要的一种争吵（但却不敢）/ 124

你的身体让我发狂 / 125

你为什么（再次）反应过度？ / 126

为什么你从来不想碰我？ / 129

我希望我们的性生活会更好 / 133

他们喜欢什么？ / 134

我比你更喜欢性爱 / 135

做出努力 / 137

更深层次的认同 / 137

无益的叙述 / 138

修复 / 139

我们的性生活已经变了 / 140

你看了太多情色片了 / 141

我们在性方面遇到的问题有时与性本身无关 / 141

专家的帮助 / 142

性和洗碗有什么关系 / 143

小结 / 144

6 育儿（一切都变得更难了）/ 145

沟通 / 147

家庭 / 152

大家庭 / 155

角色 / 157

其他的角色 / 160

忙来忙去 / 162

支持的重要性 / 166

沿途的变化 / 168

性生活 / 169

成为父母的挑战 / 170

分居后的父母关系 / 172

洗碗的情况又会怎么样？ / 172

小结 / 173

7 离 婚 / 175

我已经放弃了努力 / 176

叫醒电话？ / 178

获得帮助 / 178

离婚？ / 179

分居对五种争吵的影响 / 180

小结 / 183

8 获得帮助 / 185

安全 / 186

对治疗的担忧 / 186

9 尾声 / 189

沟通 / 191

家庭 / 191

角色 / 191

忙来忙去 / 192

性 / 192

育儿 / 192

此时此刻，关于洗碗还有什么要说的吗？ / 194

附录1 我的工作和案例研究 / 195

附录2 彩蛋 / 199

你让我没法睡觉 / 199

你想看的节目我不想看 / 200

假期 / 201

安排时间 / 202

节日 / 202

开车 / 203

回家路上的争吵 / 203

马桶座圈 / 204

致谢 / 205

引　言

　　一对正在接受治疗的夫妻聊起了他们的新床垫。一个人喜欢睡硬床垫，而另一个人喜欢软的。他们很高兴最近找到了一张适合他们两个人的床垫，一边硬，另一边软。他们笑着说："要是我们的关系也能像这样就好了——既尊重了对方，也不用再吵架，相互妥协。"

　　2004 年以来，我一直在夫妻关系这个领域工作，之前做过家庭律师，现在是夫妻心理治疗师。我听到过很多夫妻之间的争吵，因为他们得努力面对与自己不同的人并在一起生活。我也看到过他们用了各种不同的办法来解决他们之间的矛盾冲突和紧张关系，有时找到了维持一段婚姻的方法，有时也认为分开未尝不可。但到目前为止我还没有找到一种像那张完美床垫一样的关系——每个人都可以各顾各地自行其道。如果这是你所希望的，那我只能说声抱歉了。

　　我希望你明白，并不是只有你会因为某些事情和伴侣吵架。此外，展示我工作时遇到的各种案例[①]，也是想帮助你搞明白你们到底是为了什么而吵架，这样你们就可以更好地处理这类问题，减少因为同样的

---

　　① 这本书中的案例研究都是虚构的，但灵感来自我的工作经历。有关我的工作方法和工作环境的更多详细信息，请参阅附录 1。

原因而经常争吵，从而更和睦地与对方相处。如果有孩子的话，这对改善孩子们的成长环境至关重要（即使你们分开了，你们之间的关系和相处方式也会对孩子产生很重要的影响）。

五种争吵

在这么多年的工作中，我发现有五个区域是夫妻关系紧张的"重灾区"（通过我自己经历的、从周围看到和听到的，我很熟悉这些区域）。

这五个区域就是书名中的"五种争吵"。我本想称它为"夫妻始终都想去驾驭彼此的五个方面"，但听起来没那么朗朗上口，也就算了。

它们是：

- 我们如何相互沟通。
- 我们如何对待彼此的家人。
- 我们如何分工合作。
- 我们如何处理彼此之间的距离。
- 我们对彼此身体的感觉。

我认为夫妻之间因为共享空间（身体上的和精神上的）会不可避免地面临这五种争吵。每种争吵在本书中都有对应的章节。我们需要找到一些方法就我们如何共处进行交流沟通（第1章）。我们需要了解各自从自己的原生家庭、文化和过去的经历中带来了什么（第2章）。当涉及管理我们共处的空间时，我们需要确定谁来做什么（第3章）。我们需要弄清楚如何在这个共享空间内保持一定的距离（第4章）。我们需要思考在共享的空间中身体上的相互适应（第 5 章）。

还有一章是关于成为父母的夫妻的（第 6 章），因为在这样的一个共享空间里拥有一个或几个孩子会让前述几个紧张关系的重灾区变得更复杂。第 7 章讨论了关系的结束（离婚），第 8 章讨论了如何寻求专业帮助来改善彼此的关系。

有些人并不认为需要竭尽所能地去避免争吵或艰难的对话，他们更愿意选择看到双方在相处中的共同成长，进而去寻求改善彼此关系的更好的方法。当我们彼此观点不同时，就有机会了解双方都在乎和关心的事情，彼此更合意的做事方式（包括双方可以忍受的极限）。日本有一种叫"金缮"的修补破损陶器的艺术很生动地体现了这一点，它旨在吸引人们注意物品的破损和修复。修复其实非常重要，当我们吵架时，如果能够更清楚彼此之间发生了什么，究竟为什么而吵，吵完后与对方努力和好，我们就有机会改善彼此之间的关系，增进感情，更贴近对方。

我一点儿也不赞成或支持吵架时完全失控，或者给双方带来危险或伤害。有些人吵架时充满敌意和危险，是失控的或暴力的。如果你在感情中遇到了危险，或感觉自己可能会遭遇危险，又或是有永远无法解决的持续的冲突，那么你真的需要寻求专业的帮助了。因为这些频繁发生、激烈和解决不善的冲突会伤害到孩子。

这本书是专门为吵架的夫妻们写的吗？我们又不吵架，那为什么这本书也适用于我们呢？

当然，如果你们的不同观点没有带来任何麻烦或压力，又或许你们已经找到了一种方法来接受彼此的一切——那当然很好。但不吵架的夫妻并不代表永远没有矛盾。遇到问题保持沉默可能会慢慢积累对彼此的怨恨，造成双方的疏离和冷漠，甚至不再理睬。所以，即使你们不吵架,这本书里也会有一些重要内容与你们的情形密切相关。

洗碗,从未缺席

有时候,我们经常会发现这五种争吵都是因为生活中的一些鸡毛蒜皮的小事。夫妻们经常会担心因为家庭琐事来接受心理治疗是否合适——比如谁来洗碗、把毛巾扔在床上,或者一方洗澡时发生的事情(我经常听到洗澡这个话题,尤其是做了父母后,也许是因为有了孩子后,洗澡会变得超级复杂)。

说到洗碗,那更是状况百出了。什么时候洗,什么时候不洗。你为什么不洗,你放在那儿不就行了?关于怎么最整齐地把碗碟放进洗碗机里也会意见不同。为什么留下一些渣子不打扫?为什么不把抹布洗干净?吵架时的剑拔弩张会让夫妻双方把自己看成独立的个体,这里面也可能有些打情骂俏的成分。想法不同是在所难免的,要是没有了这些不和谐的音符,生活也就索然无味了(正如前面的引文所述,至少奥格登·纳什是这样认为的)。但有时,从更深的层面来思考这些日常事务是很重要的,这也是为什么这些事情我听多少遍都不会腻烦。

夫妻之间大部分的日常生活都是我们熟悉的场景。看到丢在屋子中间地板上的一只鞋,可能下一秒我们就会联想到伴侣的态度,或是他们对于某件事情的想法(不管我们联想的对不对)。虽然我们很熟悉我们的生活场景,但它仍然会黏合着一层我们不那么熟悉的东西。我们内心深处的恐惧和沮丧,我们难以和对方敞开心扉开诚布公的那些东西,往往会以它们自己的方式在家庭环境里蔓延开来。我们自己可能都没有意识到这个隐藏得更深的层面,更不用说伴侣了。所以,夫妻双方在相处中应该更多地去了解和发现这些更隐蔽的层面。我在工作中面对一对夫妻的时候，如果可以理解他们为什么会因为洗碗而争吵，就可以更进一步地了解他们，从而发现他们的婚姻中存在的更应该去注意的问题。我的工作就是试图帮助他们发现这些问题。

拿阿什利（Ashley）和艾薇（Evie）来说。阿什利把盘子放在水槽里而没有洗，艾薇则认为用完盘子就应该马上把它们洗了。这就是他们吵架的原因——事实上，因为洗碗的问题而吵架太司空见惯了。如果他们只是因为盘子和水槽而吵架，那就真的太小题大做了（干脆多放点儿餐具在水槽里）。但如果我们愿意从另一个角度来看，就有可能会明白一些更重要的东西。它说明艾薇更在意的是夫妻关系中的劳动分工。或许，这说明他们不善于对完成家务这件事进行更有成效、更体贴的沟通，这也反映了他们在不同的原生家庭的成长过程中处理问题的不同方式。也许这不知不觉中触动了他们的某根神经，尽管他们双方都认为总会有一个"正确"的办法，但这个办法因为他们的夫妻关系就变得无关紧要了；同时，他们每天又都得面对和处理这些事情，所以当务之急就是必须得找到一种对双方而言更可行的方法。如果你们也会因为洗碗而争吵，那我希望这本书的每一个章节都可以为你们提供一个不同的视角。

如何使用这本书

我完全不建议用这本书去解释你们的每一次争吵，即使同样是因为洗碗。治疗室是一个很特别的空间，在这里我可以很仔细地思考一对夫妻的矛盾，但有时候需要特别专注和细心，同时还要很理性地去审思和观察。而治疗室之外的生活是完全不同的，你不可能每个问题都花几个小时去解释。但我很希望分享在咨询室内的一些想法，为你提供更多的你与伴侣之间关系紧张的原因（而不仅仅是因为家庭琐事的不可理喻和讨人生厌）。书中的夫妻可能与你个人的经历和环境有很多不同之处，但我希望总有一些东西是你可以根据自己的情况来借鉴、推敲和思考的。我自始至终使用"你"这个词。有时，我好像是在和婚姻中的一方或者是双方说话，但如果你处于一段感情中，这本书绝不仅仅是给你一个人看的。它会让你从另一个角度去看待那段曾经拥有但已不复存在的关系，也可以帮助你更好地去了解和思考你现在感情中的种种问题。

你可以独自咀嚼思考书里的观点，如果你正在恋爱中，那就两个人一起思考。关键问题在于你们是否都读过这本书。不是去书里找什么正确答案（也没有什么正确答案），但我确信，如果你们只是其中一个人读了这本书，然后对号入座地告诉你的伴侣，你们之间出现了什么问题，而不是让他们亲自阅读，那这本书可能对你们就意义不大了。

解读私人生活这个比较敏感的话题会引发一些问题。这让我想起一次回家时，我和一对夫妻聊到关于谁去扔垃圾引发的争吵。我第一次和我丈夫发脾气就是因为扔垃圾。经常看到或听到的一些话题会让我们比较敏感（就好像我们刚学会了一个新单词，然后就莫名其妙地一周听到了三次），所以，如果书中的问题触动了你的某根神经或是让你产生了身临其境的真实感，你自己和你的伴侣也要泰然处之，放轻松一些。它也许释放了一个需要我们去注意的信号。如果双方共同面对和思考这里提出的一些问题会让你觉得困难而敏感，那么参与治疗可能会是一种更安全更有效的方法，因为治疗室里有第三者的存在。第 8 章里有关于如何从治疗师那里获得帮助的建议。

爱在哪里？

我一直没有提到"爱"这个词。在我看来，当夫妻们能够学会处理上述五个核心问题时，他们彼此会更加相爱。关于爱情这个话题，最重要的是找到解决矛盾和不和谐的方法，即使仅仅是因为洗碗这些生活琐事。这是一个需要付出努力的爱情版本，而不是像童话故事里那样，因为你们完美匹配，就从此永远幸福地生活下去。

这份努力不只是去营造一个完美的约会之夜，或者偶尔送送花喝喝茶（当然这些东西也是很奏效的）。正如我希望表达的那样，真正的努力，是尽我们所能地、更好地去倾听和理解对方，在这个过程中，找到更适合彼此的东西（你不可避免地会有一些失望，因为不可能所有的事情都完全如你所愿）。与其提供一本万能手册，让我告诉你该做什么和不该做什么，不如读一读后面的章节，它会透过更广阔的视角，让你们更好地知己知彼，并更清晰地知道朝着哪个方向付出努力。

那我们一起出发吧……

沟通(你从来不听我的)

这是我与一对夫妻的第一次见面。他们坐在我咨询室的椅子上,我们互相做了自我介绍。"那么",我说"也许我们可以先聊一聊你们今天为什么来这里。"

他们中的一个人说道:"我想我们在沟通上遇到了一些困难。"

他的伴侣应声说:"感觉就好像打了一个结。我们只要一说话就会吵架,哪怕是一些小事儿。"

曾经有很多夫妻像他们一样坐在我面前的同一张椅子上,彼此之间的交流和沟通最让他们头疼。他们给我描述了遇到的困难,比如:

- 他们完全不在一个频道上,意见不一致,或者会误解对方。
- 他们无法和对方讨论生活中遇到的困难。
- 即使真的坐下来交谈,那也是不痛不痒的,还可能会生气或心烦。
- 一旦生气或心烦了,那便一发不可收拾。

帮他们彻底解决问题现在还言之过早，我的工作是帮助他们去思考到底是因为什么而争吵，并尝试从新的角度找出其症结所在——这对我来说更容易一些，因为从我所处的位置可以非常及时地看到他们交流沟通的方式。围绕他们在这方面的问题和困难，我们可以共同努力，找到一种更适合他们的、更有效的沟通方式。

我没有和你们进行面对面的交流，但通过为你们描述一些夫妻在这方面形形色色的各种争吵的情形，希望你们可以从中找到一些新的角度来思考你和伴侣的交流方式。如果想成功地探讨任何一种爱的争吵，你都得思考、交流和沟通，所以我认为把它作为本书第一章的主题再合适不过了。

你从来不听我的！

来我治疗室的人都经常抱怨伴侣不听他们说话，甚至好像听不到他们在说什么，即使他们觉得"多年来"自己一直在和对方说这些事。有时我问他们被倾听是一种什么感觉，在他们看来，被倾听似乎就是要按自己的方式行事；如果伴侣同意他们的观点，那他们就会觉得对方听到了。但事实上这完全是两码事。被伴侣倾听并不等于被认可（正如你倾听对方也不表示你就同意他说的话）。话虽如此，但双方如果都能够很热心很积极地去倾听彼此，那简直太棒了，而这种交流和沟通的意义常常被低估。与按自己的方式行事相比，让彼此有足够的空间来表达双方的不同感受和观点显得更为重要。它成了一个起点，从这里开始，双方可以互相商量着做出决定或达成一致。

我们经常会遇到这种情况：两个人聊着聊着就聊不下去了。

莎拉（Sarah）和托马斯（Tomas）是一对二十多岁的夫妻，他们已经在一起生活几年了。因为现在住的房子租约到期，他们正在考虑新的住处。其中一个地方远离他们工作的核心区域。他们各自都有不同的顾虑和担忧。

莎　拉：我真的不想住在一个那么远的地方，路上就要花一个小时，虽然这样我们可以多省一点儿钱。

托马斯：哦，我倒不担心这个。我真的觉得你很快就会习惯的。现在经济问题对我们来说更重要一些。

莎　拉：但我觉得路上花30分钟已经够紧张的了，更不用说加倍了。

托马斯：你很快就会习惯的，很多人都是这样。但少付一笔租金就完全不同了。

莎　拉：我希望你能听我的！

托马斯：你什么意思？！

如果我们此刻停下来缓一缓，就会觉得他们好像是争执不下。他们两个人都表达了各自的顾虑和担忧，但却都觉得对方没听到，也没有表明自己听到了对方的诉求。莎拉看起来很恐慌，她觉得托马斯根本没有在听她说话，也完全没有把她的担忧放在心上。她感到非常不安：

莎　拉：为什么你从来都不能为我考虑一下呢？我觉得你永远只考虑你自己。

托马斯：不！我不是这个意思。你能冷静一点儿吗？

莎　拉：不！我不想冷静！你能试着为我考虑一次吗？

托马斯：我真的觉得距离不是大问题——你会习惯的。很多人上班路程这么远是很正常的。

莎　拉：哦，很抱歉，是我不正常。好吧，就按你说的办。

托马斯：为什么你总是这么生气？简直不可理喻。

他俩越聊越烦躁。如果他们来我这里的话，我会让他们停下来，认真思考一下该怎么聊下去，注意越来越激动的情绪，想一想要怎么冷静下来。莎拉好像越来越焦虑托马斯没有从她的角度考虑问题，而托马斯也越来越生气莎拉不体谅他对家庭经济开支的考虑。他们都想用不同的方法去平息对方越来越大的怒火。莎拉越来越生气，声音越来越大，甚至开始冷嘲热讽。而另一方面，托马斯说了一句好像很有逻辑很理性的话——"这对很多人来说都是正常的"。莎拉觉得这句话很刺耳——这意思是说她不正常？又或许会让人觉得她的意见一文不值。他们变得越来越激动，完全无法进行有效的对话，这次谈话也无法帮助他们找到任何满意的解决办法。

为了学习更好地沟通，用错方法或找错方向可能是不可避免的垫脚石。如果他们能明白或者发现这样的谈话根本解决不了问题，他们就会同意另一种更有效的方法。他们需要以一种不同的方式去倾听对方。

我们不妨来比较一下：

莎　拉：我真的不想住在一个那么远的地方，路上就要花一个小时，虽然这样我们可以多省一点儿钱。

托马斯：哦，我知道，你一直都这么说。那你到底是怎么想的？

这样说的话,即使托马斯有他自己的想法,但他认可了莎拉内心的感受,表达了关心,并给了她一个说出心里话的空间。那接下来的谈话氛围就完全不同了。

莎 拉:我只是觉得早晨起来能把一切都收拾利索就够难的了;更不用说要缩短一半的时间了。

托马斯:嗯,是的,我知道这是你最不喜欢的事情。

托马斯这样回答证明他听到了莎拉的话。莎拉也可能觉得他真的在听自己说话了。他正在努力等待一个合适的时机来表达自己的感受和解决问题的办法。

莎 拉:房子如果大一点儿是要好一些,而且我知道你在考虑钱的问题。

因为莎拉觉得托马斯听了她的话,也关心了她内心的想法,她才会更有安全感地去考虑争吵的对方,去考虑他的观点。即使托马斯不认同她的顾虑,托马斯也没有贬低或轻视她的感受(或是她的自我意识)。这次他没说正常人不会有这些担忧或试图去说服莎拉改变这种想法。正因为如此,莎拉也就不必非要固执己见了。她觉得托马斯注意到了她的担忧,那她也就不再需要提高音量了。

托马斯:是的,这会很不一样,我正在考虑这个问题。

莎　拉：哦，真的很难决定，我不知道该怎么办！我想我们可以先试试看。

现在才能感觉到他们在共同参与，一起解决问题，而不是阻碍或阻挠对方。

托马斯：好主意。我相信我们一定可以解决的。

尽管对话以同样的方式开始，但这一次托马斯认可了她的想法，一句"是的，我知道，你一直在说"彻底改变了对话的进程（虽然两个人担心的是不同的事情）。不再是心怀戒备、火药味儿十足的对话，他们对未来有了希望，愿意一起去解决问题。

我们低估了认可对方的重要性和意义。如果你能够认可伴侣说的话（并不是说同意对方的想法），那你们之间就建立了连接。这表明你已经听到了对方说的话。有时我们会担心，如果我们认同了对方，那他们的感受就占了上风或变得更重要。

在某种程度上，有意或无意中，托马斯可能会觉得如果他足够耐心地去倾听莎拉对路程的担忧，莎拉的想法可能就会占上风，就得听她的了。可事实似乎恰恰相反，萨拉觉得自己的想法和感受被认可了，心情就放松了，就有兴趣去考虑托马斯的想法了。看起来他们营造了一种新的互动，留出了足够的空间来倾听对方的想法，而不是一方去说服另一方，战胜另一方。这丝毫不影响他们自己想做什么的决定和需求，双方也会相互妥协，但他们学会了倾听对方，关心对方的感受，为彼此创造了一个更好的环境，搭建了一个更好的框架，然后一起做出决定、解决问题。

托马斯还是以同样的问题"那你是怎么想的呢？"开始了对话，他想弄清楚萨拉的想法，这对萨拉来说非常重要。保持一颗好奇心并不总是那么容易。有时候，我们会被自己的感受和情绪羁绊，希望被人理解，而常常忘记和忽略了去理解别人。或者脑子里想的全是对方有没有在听我说话。当我们能够只是为了理解对方而去倾听时，就彻底改变了游戏规则。

不错的"好奇心"话题
- 你是怎么想的？
- 那你的意思是？
- 你能帮我解释一下吗？
- 我们来聊聊这个好不好？

细节决定成败。第二次对话中托马斯对萨拉的认可和关心让气氛轻松了许多。如果你觉得没有人听你说话，可以试试更大声或更生气地说，摆摆理由，讲讲道理。你可能会觉得必须更强烈地表达你的感受——这也就是事情会两极分化的原因。前一分钟，你和你的伴侣还在反复琢磨一些事情；下一分钟，你就觉得对方根本没有听你说话，你说你的，他说他的，谁也不让步，甚至不清楚你们是刚开始有这样的想法，还是一直都有，现在才冒出来。有时，这和我们过去生活中一次又一次的经历有关，从小到大，身边没有那么多的人愿意去倾听我们。这会让我们对观点不同的人特别敏感，因为我们会特别担心没有机会说出自己的想法。

另一方面，如果你觉得有人倾听你说话了，就像在第二次对话中萨拉感受到的那样，那么就有可能会出现复杂交错的情绪——"哦，我不知道，这很难决定"。他们的对话不再是"到底是我的方式还是你的方式",更多的是一起努力去解决问题,而不是每个人都想把自己的观点强加给对方。

这也意味着他们可以充分利用彼此的想法和思维方式。莎拉考虑的是生活的一个方面:如果时间少了,他们早晨会感到非常紧张,可能会有很大压力;托马斯考虑的是家庭的财务方面。如果他们彼此都不再纠结非要让对方明白自己的感受,各自退一步,他们反而能更好地理解对方的想法——这种思维的差异是潜在的互补性资源。这种共享和互补才能让双方更稳定更冷静地去思考问题,不会因为想法不同就被对方踢出局。

从无益到富有成效的谈话,是夫妻更好地沟通交流过程中很重要的转变。从这一点来说,这是他们生活中要学会的必不可少的争吵。

反思时刻

- ◆ 去倾听别人说话对你来说困难吗?下一次谈话时,调整一下你倾听的方式。注意——你是否中途打断了别人说话?你是否需要说出自己的观点?你是否在倾听和理解对方,还是想听完之后说些什么呢?你是在听对方说话,还是自己换了个话题?
- ◆ 一般来说,你会很乐观地接受有人听你说话吗?
- ◆ 在家里有人听你说话,你感觉如何?

为什么你觉得需要修复一切!

从萨拉和托马斯的另一次对话中,我们看到了认可和关心对方的重要性。我也经常看到很多夫妻以此来很有效地应对沮丧或困难情绪,虽然他们也有很多其他的方法。托马斯是解决问题型人格。当莎拉遇到困难时，他想为莎拉提供切实可行的解决方案。事实上，这是他在工作中的一项技能，但萨拉并不喜欢这个方法。当托马斯提出解决方案时，可能会让莎拉觉得他没有在听自己说话，或者根本没听懂她在说什么——可能在某种程度上她的想法不对。

托马斯则完全相反。当他心烦意乱时，他更希望莎拉可以提出建议或解决办法。但事实恰恰相反，在托马斯看来，莎拉似乎想更详细地去谈论他的问题，而他已经在思考其他事情了。他们都试图从自己喜欢的角度去回答对方，而没有考虑到对方是否喜欢或接受。

托马斯： 你今天过得怎么样？
萨　拉： 其实很糟糕……我一直在焦虑我们要搬到哪里去，一切会怎么样，所以就有点儿心烦意乱。
托马斯： 哦，不！你不应该在上班的时候考虑这些事情。
萨　拉： 是的，但我会忍不住一直在想啊，想象着上下班的感觉。
托马斯： 你知道吗，不论怎样，你都应该回家再考虑这件事——上班的时候考虑它，什么用都没有。
莎　拉： 不是这样的。算了，不说了，我觉得你根本不明白。

托马斯自己觉得可以帮助她，但事实上，在莎拉看来，他并不"明白"。而萨拉没有"明白"的是，托马斯是因为关心她才会给她一个解决办法。萨拉觉得，托马斯告诉她用不同的方式来处理这件事，她就没有机会和空间再去谈论自己的想法和感受了。他们都是怀着良好的意愿来谈话的，但两个人的思维方式完全不同，所以他们需要找到一个解决办法。如果他们能够更加了解彼此的这些方面，就能给出一个更适合彼此的答案，也就能更好地明白为什么会误会对方。

我们永远都不能放弃从上述这些角度来了解伴侣。需要记住一个很有用的问题，那就是"你需要什么？"这会让谈话变得很简单，双方都有了足够的空间来谈论他们可能需要什么。这并不意味着答案也会很简单，但至少如果知道了彼此的需要，就能更好地考虑解决问题的办法。

萨　　拉：不是这样的。算了，不说了，我觉得你根本不明白。

托马斯：好吧，我好像是不明白。但我真的想搞明白。怎么才能帮到你？你需要我做什么？

萨　　拉：真的不需要你做什么——我只是希望你知道这一切对我来说真的很难，可以说给你听一下。

托马斯：我真的知道这对你很难；只是有时候你觉得我不知道。

萨　　拉：不是这样的，有时候我需要把一些事情再说一遍；我觉得我可以大声地在你面前说出来；其实我希望你能明白，我并不需要你给我一个答案。

托马斯：这很难——我就是这样……希望你能看到我只是想帮忙。

萨　　拉：所以你要提醒我啊。我只是想让你明白当我心情很不好的时候，这样说出来真的很有效。我知道有时候误会你了，或许你很希望你不高兴的时候我可以帮助你？

托马斯：当我不高兴的时候，我希望你帮我解决问题。你真的擅长找到解决问题的办法。

对话发生了一些变化——他们在努力让对方理解自己，而不是期望对方一下子就能明白自己的想法。托马斯问了"你需要什么？"就为萨拉创造了一个空间来表达她的感受。这同样也是一个机会，他们都可以让对方明白，当对方不开心或者遇到困难的时候该怎么做出回应。他们不会再像以前那样固执地认为他们会本能地知道对方需要什么，事实上，他们现在正在努力去寻找真正的答案——可能这也是为了他们自己的需要。

当夫妻之间的谈话仅涉及夫妻感情和夫妻关系，而无关其他外部的问题（比如萨拉感觉糟透了的那一天）时，这种变化也会出现。一个"问题解决者"可能会觉得，如果他们的伴侣再抱怨他们之间过去发生的事情，那么现在做什么都是无济于事的，因此唯一的解决办法可能就是道歉。这可能会管用——但伴侣并不是解决问题型的，她们可能就想知道对方有没有听到她们的抱怨（而且在她们看来，说出来就是把事情解决了）。她们需要的不是一个解决方法——更多的是需要说出来去寻求对方的理解。对于不喜欢过多地谈论过去的人来说，很难理解为什么伴侣会一遍又一遍地说这些事，但这可能说明他们的伴侣觉得他们根本没有在听。

反思时刻

- 如果你们遇到了问题，更喜欢怎么解决？一个具体的解决办法还是说出来讨论一下？或是两者兼而有之？
- 你知道你的伴侣喜欢哪种解决方式吗？
- 你的伴侣知道你的想法吗？

你就是不明白！

萨拉在从健身房回家的路上吃了饭而没有告诉托马斯，这让托马斯非常生气和恼怒。因为他去商店买了食物，准备了两个人的晚餐。

托马斯：你太粗心了。你要是早点儿告诉我，那就会好得多。

莎　拉：对不起，我下课后就是很饿了——这是什么大不了的事吗？

托马斯：那你下次能告诉我一声吗？

莎　拉：那你下一次打算告诉我一顿晚餐你就要小题大做吗？

　　他们本来都觉得可以更好地与对方沟通。但当变成夫妻时，他们就得改善交流方式，为对方考虑。我们不得不面对一个巨大而又令人失望的现实——伴侣不会读心术，不可能洞悉我们的想法；他们的思维方式与我们的不同，不知道我们为什么心烦和不高兴，也不会以我们期望的方式来回应。所以我们只能退而求其次，清楚地把心里的想法说出来。

　　显而易见，我们觉得非常有必要向对方解释清楚，但现实中却很困难。通常情况下，因为经常吵架来治疗室的夫妻们，都希望伴侣能更好地理解他们的想法，或者希望我能教给他们一种神奇的、魔法般的交流方式。但恰恰相反，结果往往反而是他们需要说得更清楚一些。如果两个人语言不通，想清楚地表词达意的确要费一番工夫，但即使没有语言障碍，想让对方明白自己的想法也需要持续不断的努力和沟通。

　　我们也会遇到沟通失败的情况（即使我们自己都没有意识到）。有时候，我们渴望被理解，渴望对方明白我们的心思，但我们真的不想非要把它说出来；或者我们只是忘记了——但当伴侣完全不明白的时候，我们又会感到非常失望，他们甚至不明白这是为什么。如果我们可以理解并接受他们的这种反应（即使有点儿失望），当我们（不可避免地）被误会时，就会更体谅彼此了。

徒劳无益，白费工夫

来咨询的夫妻们经常告诉我，他们多年来都试图一次又一次地提出一些问题来讨论，但觉得都是白费工夫，没有结果。经常在这样重复几年之后，有一半的夫妻会来告诉我他们的关系结束了。被挡在一堵墙或者一扇门外，无法走进对方的内心，让他们觉得很孤独甚至绝望。有时甚至双方都会觉得无法靠近彼此，两个人永远无法达成共识。

我工作的一部分就是帮助他们发现为什么他们之间会横亘着这些障碍。尽管这种障碍可能是一种愤怒、死板或不友善，但它背后可能藏着某种需要被保护的东西——这也是为什么要先竖起一道心理防御墙的原因。它遮住的也许是一种更容易受伤的情感，又或是一些更脆弱或者更让人焦虑的东西。当伴侣谈论和我们自己相关的东西或者触及了我们的痛处时，我们可能会通过一种防御或者以牙还牙的方式来保护自己。如果他们总是在说过去的一段痛苦经历，就更有必要进行这种防御式的自我保护了。同样地，如果我们说了一些伤害他们的话（即使我们没有意识到），我们也会得到这种防御式的反应。

乔西（Josh）和瑞恩（Ryan）是一对夫妻，他们有两个孩子。瑞恩是一名自由职业者，工作时间相对比较自由，所以孩子大部分时候由他来照顾，而乔西工作时间很长，再加上与美国办公室的时差，经常不得不工作到很晚。瑞恩负责去学校接孩子，乔西经常回家去看孩子们，但她回来后又会继续在手机上工作。瑞恩很讨厌这种情况。他觉得乔西是人回来了心没回来，一门心思只想着工作，和家人都没有情感的交流。他只要一和乔西谈论这件事，对话就会变得很尖锐，乔西每次都会说："那你想让我怎么样，去辞职吗？"瑞恩真的觉得他被堵得无话可说，说什么都白搭。

瑞恩试着再次提起这件事,尽管他觉得会一如既往地得到相同的答案:

瑞恩: 为什么你不能一周在办公室加两天班,把工作处理好,而是每天回到家又时刻在工作?你根本没有考虑过我们。

乔西: 这又不是我能说了算的。我真是不明白你为什么又要来说这件事。我们真的要再谈一次吗?!

瑞恩: 你一回来,气氛就很糟糕。孩子们需要回家放松,但你一直在那儿打电话,你看不到他们多不开心吗?你这样一直打电话也会给他们树立一个坏榜样。

乔西: 你不明白。说真的,我不想再和你讨论这件事了。你根本不知道我的工作压力有多大。你到底在想什么呢?

这场谈话让他们一无所获。乔西为自己辩解,不接受瑞恩的批评,还反过来指责了瑞恩不接受她的立场。瑞恩再一次感受到了乔西在回避这个问题,也就没有办法再继续聊下去了。他觉得乔西完全是冷漠无礼。

这种情况下有多种痛苦的心理和情绪,都可能需要启用防御机制来自我保护。乔西可能会因为无法陪伴孩子们而感到两难,也许这触动了她的某根神经——可能和她自己的成长经历有关。而瑞恩一个人照顾孩子可能会觉得很孤独,也许还会很羡慕乔西不用操心这个事儿。不得不出去工作也要面对痛苦的现实,这会扰乱家庭生活的节奏,而且其中一方一定会花更多的时间来陪伴孩子。

然而,在这种时候,不会有一个安全的避风港可以让人吐露和发泄这些痛苦的情绪和心理,他们心怀戒备地去批评对方,以此防御心理去隐藏和掩盖这些情绪。有没有一种方法可以使双方的谈话变得柔软一些,让横亘在他们中间的这些障碍不要砌得这么高这么快呢?不妨换一种方式:

瑞恩:听我说,我知道你很讨厌我提起这件事,但我现在真的因为你的工作很痛苦,而且我知道你可能也不舒服。我真的很难忍受你虽然和我们在一起,但永远没有空。

乔西:是的,这很糟糕。我也不喜欢这样,但我不知道该怎么办,我想在孩子们睡觉前陪伴他们,但我也不知道还有什么其他办法了。

瑞恩:我不知道还能不能坚持下去。

乔西:我也不知道该怎么办,但我们真的需要想一想有没有其他办法。

在这个案例中,瑞恩能够毫无保留地直言说出心里很不舒服,而不是一开始就去指责乔西,让乔西很为难,因此,这样的谈话更有成效。瑞恩并没有完全把责任归咎于乔西,这就让乔西在面对瑞恩的批评和指责时,有了一定的心理空间,也就没有必要进行过多的防御性自我保护了。他们看上去能够开始思考彼此之间的关系了,在共同分担失望和痛苦的时候,彼此间产生了更多的共鸣。不再是互相批评指责对方,而是可以从外部更冷静地看待这段关系,并认识到它面临的困境。

瑞恩还可以安抚乔西因错过和家人的美好时光而更难过的心情。

瑞恩:你觉得有没有什么办法可以让我们(包括你)更舒服一点儿呢?比如你每周在办公室加一到两晚的班,把工作处理完?我知道你会很不开心，但换个角度想，这样效率可能会更高，我们也不会在孩子们面前吵架生气了，这样，或许你在家的时候，也可以更早地结束工作了。

乔西看上去很不开心，瑞恩在安慰她。他们从之前的生气变成了现在的一起不开心，这是一种新的能力，而且看上去他们应该可以商讨出一个更可行的计划。尽管乔西可能要放弃一些东西，但既然他们一起努力，那事情就更容易解决了。

瑞恩从谈论自己的感受开始，这是非常重要的。夫妻们会对我说："当我们知道对方的感受时，就更容易相互关心了。""如果我们只是一味地被指责，就真的不想去回应或关心对方了。"就我们自己的感受而言，这种从指责到说出自己感受的动态变化可以创造更富有成效的对话。

这就是为什么以"我"开头的句子很有效。以"我"开头的句子可能更倾向于去请求别人的帮助，而不是惹恼对方。以"它"开头的句子也很有帮助，"它"是一个很小但很有用的词，可以用来描述共同的情形，而不是去指手画脚。比起"你从来不听我说话，真是太差劲儿了"，"对我们来说，谈论这件事好像很难"可能是一种更好的开启对话的方式。它有助于表明这是一个你们双方都要开始思考的关系问题，而不是一个只属于其中一方的问题。

当我们遇到麻烦，焦虑不安时，会很自然地想归咎于其他人，或者找个地方释放出来。瑞恩在这种情况下感到有点儿孤独，但很讽刺的是，当他因此去责备乔西时，得到的回应可能会让他更孤独无助。如果瑞恩能准确地说出或者尝试着去描述自己更脆弱更受伤的感觉，似乎更有可能会得到帮助。

这些焦虑不安的情绪可能深藏在我们内心深处，以至于我们自己都没有意识到，可能与过去的一些痛苦和敏感的经历有关。更脆弱更微妙的感情往往隐藏在心理防御的屏障后面，有时，在一个安全的治疗环境中，它会释放出来，得以被了解和关注。如果我们能够培养一种好奇的心态（回到好奇心的重要性），就会让这些更微妙的情感有了吐露的空间。完全拆除这些心理屏障是不现实的；还不如去考虑一下用什么样的方法可以穿透这些屏障，如何帮助彼此，不要在心里堆砌那么高那么厚的障碍。如果我们找到伴侣的这些心理障碍，就可以更好地去了解对方。当我们与伴侣发生争执，或者感觉我们正面临某种防御时，也许应该暂停下来思考——有没有更多的原因会导致这样一种反应？如果我们能明白他们为什么会那么痛苦，我们就有机会了解真正重要的东西。同样地，当他们所说或所做的事情让我们很不愉快时，我们可能需要思考我们自身的原因；当伴侣触动了我们的痛处时，也许他们发现或注意到了一些需要我们注意的事情。夫妻可以作为最小的组合参与集体治疗法——如果我们能找到一种安全谨慎又不冒犯的方式来谈论麻烦困难的事情，就有机会进行下去。随着我们越来越了解这些麻烦又难对付的情绪，它们可能就不再那么危险和可怕，也减少了我们的防御需求。

反思时刻

- 你们一般是怎么提出问题和伴侣讨论的？例如，你们的感受或者你们觉得伴侣做得怎么样？
- 你们能把对伴侣的批评改成以"我"而不是"你"开头的句子吗？
- 如果你们的伴侣提出了一些他们正在努力解决的问题，你们会如何回应？

你说话怎么一直像在训人！

说到沟通，语气会产生巨大的影响。我们的措辞或者我们描述感受的方式不一定会让别人不高兴或不舒服，但我们说话的语气却会。如果夫妻能更充分地去了解倾听对方的语气，这有助于将对话从展现最糟糕的一面（这只会激怒对方）转变为富有成效。例如，有些人对批评语气会更敏感，这可能与有人和他们说话时，语气很挑剔、很命令式的抑或是不礼貌、让人很不愉快的经历有关。

很有必要一起来讨论这一点：也就是说，要想一想如何去听懂对方的语气，并给对方留出空间，来描述不同的语气带给你的不同感受。我们也可以把说话的语气作为一种信息。如果我们经常听到伴侣用很生气的语气说话（甚至用愤怒的语气），也许这里面就透露着更重要的问题需要我们解决。可能这并不是彼此表达感情的最直接方式，但有时语气的确可以更快地表达我们的感受。双方能不能从语气中感觉到需要一起坐下来聊一聊了？琢磨对方的语气可能会让人不舒服，但如果你或你的伴侣总是很生气地说话，这是否意味着有一些问题需要解决呢？

反思时刻

- 你在乎别人对你说话的语气吗？你很敏感吗？伴侣说话的语气对你有影响吗？它会让你想起别人的语气吗？
- 你觉得你说话的语气如何？

你为什么总是说翻脸就翻脸？

我们经常会遇到这样一个问题，夫妻中的一方说他们很讨厌对方"说翻脸就翻脸"。这种出其不意的突然发怒，在他们看来，既不合情，也不合理，往往会令人非常气愤或不愉快。他们最终吵架，可能也不是因为任何实质性的问题，就是因为对方生气的态度——吵架时说的"你为什么这么夸张？"就充分透露出其中一方反应过激了。

如果这种愤怒是不安全的或具有威胁性，就得认真对待了（关于这一点，请参阅本章末尾的"保持安全"一段）。如果这种情绪没有多大问题，那双方在吵架的时候，我也会从不同的角度来考虑他们的互动，例如：

- 生气的表情会对伴侣有什么影响？
- 生气的真正原因是什么？
- 生气的一方真的只是这一会儿在生气吗？——在此之前他们会不会有些征兆呢（如果没有，那到底是为什么生气呢）？
- 看着伴侣突然大怒，有没有觉得自己错过了早点儿理解对方的机会？
- "不生气"的一方是否也有什么事很生气，只是很难公开表露出来？

思考这些问题可能有助于夫妻在问题爆发前就做好处理，并帮助他们从双方互动的角度看待问题，而不仅仅只看到一个人的问题。

什么是沉默治疗？

卡兹（Caz）和达米安（Damian）是一对二十多岁的夫妻，他们一进我的咨询室，我就感受到了他们的沟通方式。卡兹坐下来，背对着达米安，双臂交叉，没有说话。当我问她为什么来这里寻求帮助时，她说我应该问达米安——"是他认为我们有问题。"卡兹显然非常生气，不想讨论任何事情。

达米安看着我说："你看到了吗？这就是我必须要解决的问题。你想知道我们为什么来这里？"他似乎认为卡兹就是问题所在，而卡兹的每个毛孔好像都在说达米安才有问题。

这对夫妻之间并非没有沟通，他们交流得反而很频繁。因为完全不了解情况，我就很想多知道一些。我觉得卡兹的闷闷不乐之中，有一些脆弱和不安，但它却被充斥在整个治疗室的愤怒情绪的坚硬外壳所掩盖了。愤怒的沉默犹如一股强力，让我们一时半会儿无法去思考发生了什么。很明显，达米安想知道卡兹的感受。

有点儿像前面"说翻脸就翻脸"类型的夫妻，注意力全都在突然爆发的愤怒情绪上，而在这里大家也都只看到了卡兹的生气和不高兴，而不会去想其表象之下隐藏了什么。显然，我们需要更好地理解这其中的一些很强烈的情感。想要有所进展，他们每个人都必须退一步。卡兹不能再主观地认为达米安会读心术，达米安也不能只看到卡兹的情绪，而是需要耐心地给对方一个空间，去听一听她说什么，弄清楚到底怎么了。他们都后退一步，看清楚他们之间发生了什么，才会明白卡兹的生气是一种更深层的脆弱，更需要理解和照顾，才有可能一起聊一聊为什么卡兹会生气和不安。

达米安也有可能说出卡兹的生气对他的影响。"卡兹生气的时候，真的会影响到我。这会让我很不安，我有点儿恐慌。事实上，这很可怕。我觉得无论我说什么都是错的。一整天战战兢兢的，感觉很不好。"

听到达米安的这些话，卡兹有点儿惊讶。卡兹说，她心烦意乱时就没有太多地去考虑达米安会有什么感受。这对她来说很难，她一生气就会这样，不愿意去说自己不想说的话，有时会直言不讳地去说一些很粗鲁的话。当他们可以平静地讨论这些生气的情节时，似乎就更能体谅对方身处其中时的感受，也会更清楚以后如何更好地避免它。卡兹说："我以后不能再指望他可以很神奇地知道我为什么生气了。"达米安说："我也想知道到底怎么了。虽然我不喜欢听，但你可以告诉我，这很重要，总比碰一鼻子灰好。坦白来说，我不太擅长去猜别人的心思。"

两个人都不喜欢吵架生闷气。但他们也都明白了，如果想避免这种情况，他们都得学会更努力地去和对方交流，让对方知道自己的感受。

反思时刻

- 闷闷不乐是你们的家常便饭吗？
- 闷闷不乐时，什么方法对你有效？希望有人和你聊天，还是喜欢独处？独处有效果吗？双方要达成一种共识，那就是"我知道你生气了不想说话，但如果你需要我，我随时都在。"
- 对方闷闷不乐时，你是什么感受？

我们讨厌争执（或总是避免争执）

很明显，如果一对夫妻关系正常，相处得很好，没有争执，这种模式很好，正如俗话说的"不要没事找事。"但我在工作中也遇到过一些夫妻，他们会竭尽所能地（而且是有意识地）去避开和对方进行任何有困难的交流。这样做的风险就是我们说的房间里的大象——明明存在问题，却刻意回避。如果不偶尔解决一下他们彼此意见不同，很恼人的那些问题，那么他们就会陷入危机之中，因为房间里的那只大象已经太大了，没有任何可移动的空间了。如果此时他们来寻求帮助，他们经常都会觉得要是早个两三年来就好了，但显然没有，可能是因为之前他们觉得这是件很可怕的事情。

有时候，他们之间的问题就像大象一样变得太大了，彼此失去了维系的空间。或者他们根本没有意识到双方关注的问题不同，就如同都在花时间和心思照顾一群不同种类的大象。

露丝（Ruth）五十多岁。她是一个人来寻求帮助，接受心理治疗的，因为沟通问题，她结束了与丈夫雷（Ray）的婚姻。他们已经在一起25年了，有两个十几岁的孩子。露丝说她一直很渴望一些更亲密的东西，而雷却"非常冷漠""不善言谈""也从来不会关心她的感受。"

她觉得他们只是孩子们的共同父母而已，而不是一对夫妻，彼此之间也没有性生活了。在这段婚姻中，她觉得不堪重负，非常气愤自己对孩子和这个家的付出远比雷多，但却一直被忽略，得不到认可。她还很生气经济上也对雷毫无指望。她发邮件告诉雷他们的婚姻结束了。

她面临的一些问题我会在这本书的其他章节里讨论。比如为什么到最后连她自己都讨厌自己了？他们的性生活有什么问题？但露丝一直提到的问题是他们之间非常糟糕的沟通和交流。他们没有找到解决问题的办法，而这些问题让露丝多年来都很不开心，现在似乎已经无法修复。她说他们俩都不愿意吵架，但好像这恰恰导致了他们之间亲密关系的彻底破裂。

她把这一切都归咎于雷的"不善言谈",但我想知道她身上是否也有一些原因,让她没有去正面解决问题。如果我们换一个角度来考虑这个问题,看一下他们之间到底发生了什么,哪些事上他们双方都有责任,我们就能明白一些之前不了解的事情。他们似乎没有找到一种合适的交流方式来解决这些问题。如果他们偶尔会生对方的气,或者找到一种方式来表达不满,可能就会更多地了解对方,即使这会引起争执。相反,他们似乎已经离对方越来越远。露丝描述了一种感觉,说他们就如同在两条平行的轨道上,从来没有在任何事情上相交(达成一致)。她自己来寻求治疗,也许是因为让两个人都来有些太奢望了。

像露丝和雷这样无法沟通交流的原因是深刻而复杂的。这不是轻触开关然后说"开始说话"这么简单。害怕向别人敞开心扉,担心有些话题可能会引起争执,这可能与一个人成长过程中沟通方式的深刻体验有关。在露丝的例子中,她说"她家的地毯有一英尺高,下面藏着很多东西"。据她透露,她的父亲是一个郁郁寡欢的人,而她的母亲有婚外情。每个人都知道这件事,但却从未提及。她现在想,她的父亲是否患有抑郁症。

露丝之所以现在来寻求帮助,是因为她十几岁的女儿在学校里焦虑不安,并被送到了学校辅导老师那里。辅导老师向露丝反映说,她听说好像他们家家庭气氛很紧张。露丝听了很难过。想到是她和丈夫创造了这样的气氛,她感到很痛苦。她很努力地去回避婚姻中的问题,但既然现在已经影响到了女儿,就不能再继续下去了。她不想让女儿长大后认为这是一种正常的婚姻关系。露丝觉得她和丈夫在重复着她父母的沟通模式。

我们都把自己的成长经历带到了与伴侣交流的方式中:别人听我们说话或与我们谈话的方式(也可能没有);伴随我们的那些语言;我

们继承而来的那些不同交流的"正常标准";我们对冲突的感受;甚至我们对什么好笑(或什么不好笑)的看法。我们觉得正常的事情,可能对方觉得不正常,它就如同一个游戏规则的改变者,让我们越来越多地知道了什么是"正常"。

我将在下一章中更多地介绍家庭,但了解各自不同的交流经历会有助于我们思考这方面的困难。这是我经常会在与来咨询的夫妻交流的开始阶段问他们的一些问题——你们是怎么谈论家里的事的?这些方式有用吗?关于夫妻之间如何解决问题,你有什么想法?

对于一对夫妻来说,如果总找不到一种方式来谈论困难的事情,它就会累积起来,像露丝的情况那样。如果深受过去家庭交流方式的影响,心里总想逃避谈论困难的事情,更多更清楚地意识到这一点才有助于解决问题。

> **反思时刻**
>
> ◆ 在你们的成长过程中,交流谈论困难的事情有什么好的典范吗?
> ◆ 在你们的婚姻中有哪些交流方式,比如谈论一些困难的事情时?

你不理解我!

这些沟通方式的差异并不总是因为家庭背景的不同。夫妻们还应该考虑一下他们的布线都是不同的,或许有着不同的操作系统或不同的容积和功率。如果夫妻们结婚时都有一本对方的使用说明书的话,那我可能就失业了,因为我的大部分工作都是为了创造一个空间,让夫妻能够更好地了解对方。爱情和婚姻都需要更好地了解彼此，知道哪些按钮可以按（哪些不能按）。一个人越了解自己，就越容易向对方讲清楚如何更好地沟通交流（以及哪些地方不能触碰）。同样，一段感情也可以让你更好地了解你自己，因为在这个过程中你也会发现哪些事情是容易的，哪些是困难的。

比如，你们中的一个人可能想开诚布公地聊一下自己的一些想法，而另一个人可能会觉得只有当他们自己有了一定的想法时才能来谈。一个人可能是计划者，喜欢安排时间来谈论一些事情，而另一个人可能就很随意，属于心血来潮型。一个人可能喜欢没有任何干扰地专心坐下来谈话，而另一个人会觉得散步或开车时聊天会更舒服。一个人可能会很不专心，很难就一个话题一直在那儿聊天。一个人可能会很快就不想听对方说的内容了。一个人对大呼小叫的反应可能与另一个人也不同。你们中的一个人可能听力不太好，需要更好的环境才能真正听到别人说的话。

通过更多地了解神经多样性以及大脑的不同运作方式，可能就会更容易理解和接受沟通中的一些差异或困难。如果有好奇心和理解力，并且愿意接受我们在沟通时都有不同的出发点，夫妻双方就可以根据彼此的喜好开始定制专属对话了。

安妮（Annie）和利那（Lena）试图谈论一些棘手的事情时，他们总是会陷入一种特殊的模式。安妮会突然说一些容易引发争吵的话，在她看来，利那很容易生气，谈话根本不可能进行下去。利那气冲冲地跑了，安妮又会很不高兴，然后吵架就不再是因为安妮提出的问题，而是争吵的方式了。

即使我们认识到双方的互动很困难，但也很难去改变它。安妮可以继续以这种方式引发争吵，希望这一次能奏效。同样地，利那可以继续大发雷霆，惹恼安妮。这并不是说哪一方对这种情况负有特别的责任，只是他们的行为方式似乎没有在谈话中发挥出最好的作用。但是如果夫妻双方都不努力思考去改变这种互动，那么就很难想象还能怎么办了。安妮和利那不能再认为同样的做法会得到不同的反应。

他们之间的有效对话可能会使事情变得更加明朗。利那可能觉得他有时需要比安妮更多的时间来处理一些事情，而愤怒的离去已经成为他处理困难情绪的一种方式。如果他能解释这一点（不是在激烈吵架的时候），同时安妮也能接受，也许就不会那么急于去讨论那些棘手的问题了，这有助于他们双方找到更好的对话平台。安妮也有机会告诉利那愤怒离去对她意味着什么。

我们要很好地调整我们谈论棘手事情的不同方式和能力，不仅是尊重对方，也是尊重我们自己。通过处理这些差异（我们可能会在误会中发现它们），我们可以尝试与对方进行更有成效的对话。即使它并不总如想象中那么美好，但至少给了双方困难的交流一个最好的机会。

反思时刻

◆ 什么样的背景或谈话风格有助于谈话顺利进行？

你总是在最糟糕的时候提出问题

在疫情封控期间我参与了一个项目，帮助寻求支持的夫妻更好地在这种情况下经营他们之间的关系。反复出现的主题之一就是他们对话的时间问题。家和工作之间没有了界限，夫妻们对适合谈话的时间和不适合谈话的时间有不同的看法。

彼得（Peter）和埃丝特（Esther）寻求帮助是因为他们一直在争

论这个问题。他们在彼得下班回家的那一刻总是很难控制自己的情绪。埃丝特在家里陪着大大小小的孩子们度过了漫长的一天，很想在这一刻和彼得倾诉一下，但彼得在一天的辛苦工作后常常想先放松一下。

疫情封控期间，彼得发现这变得更加困难，因为他上下班的路变成了"下楼到厨房"。一走出楼上的办公房间，埃丝特就会有事和他谈，他觉得很难。但这对埃丝特来说也很难，照看和教育孩子经过了漫长而烦躁的一天后，她非常渴望有人可以倾诉。他们都考虑到了这个现实情况，想着如何在孩子们睡觉后，集中精力去找一个合适的时间与对方交谈。埃丝特说，这意味着那些感受得憋在心里更久一些，有时这会很难，但如果彼得更容易接受，那这么做也就值得了。

不管是不是在封控期，斟酌一下谈话的时间对夫妻来说都至关重要。生活很忙，并不总会有聊天的好时机。畅通的交流沟通不会让彼此有生疏感，但不可能每次都顾及每个人的感受。一些强烈的情绪在心里憋久了，你很想说出来，但此刻无论对你或你的伴侣来说，都可能不是最好的时机，也许因为你们中的一个人心情不好，心不在焉，或者你要去睡觉了，又或者此时你们必须要处理其他事情。这些年来，我与很多睡眠不足的父母一起工作，要是一直和他们去讨论今天适不适合解决那些争吵和难题——他们的心情会好吗？必须要经历一个从错误中学习的过程，才能找出真正适合你们双方的时间。

在谈话时间这一点上还要考虑一个非常重要的因素，那就是孩子们，特别是如果你们的谈话很不顺利或遇到麻烦的时候。如果让孩子们目睹你们那不断升级的争吵和矛盾，会很不利于他们的健康成长。这并不是一件容易的事，父母有更多的事情要争论，但却没有那么多时间（更多内容见第 6 章）。这并不意味着你不能在孩子面前与你的伴侣发生分歧，如果你能向孩子们示范：虽然你们对某件事有不同的意见，但你们可以找到方法去解决，这就是积极有效的。但正如我反复提到的那样，经常发生却又解决不了什么问题的那些冲突和争吵是会伤害孩子们的，坚持考虑一下孩子们的感受是至关重要的。如果一对夫妻没有能力从这些角度来安排谈话的时间，在谈话越来越困难，争吵越来越激烈的时候，双方不仅不能达成一致冷静下来，反而继续让争吵加剧和升级，那可能真的就需要帮助了。

> **反思时刻**
>
> ◆ 你们会安排什么时间和场合来谈论你们心里的一些事情？
> ◆ 有没有合适你们双方的时间？双方可以积极促成吗？
> ◆ 什么时候不适合谈话？
> ◆ 你们中的一个人可以说"现在不是时候吗？"

分清轻重——有选择地战斗

分清轻重听起来是个好主意，但说起来容易做起来难。夫妻如何才能更好地筛选争论什么、不争论什么？这与前面讨论的谈话时间的安排有很大关系。有选择地战斗往往意味着选择战斗的时机。

我希望这本书中的一些想法能帮助夫妻们更好地处理他们之间的问题，这样他们就不用事无巨细地参与到所有对话或生活空间中，也不需要通过所有可能的方法来表达他们的沮丧和焦虑，包括洗碗这些事。当有人感觉到"我的伴侣事事都想占上风"时，这就说明的确有更深层次的东西需要关注，如果这个问题能够得到解决，那么放弃一些"战斗"就会更容易了。

我完全不建议为了更轻松的生活而把事情掩盖起来，但有时真的需要先深吸一口气，然后再去抱怨和思考——现在是时候了吗？这会是我想要的结果吗？还有没有更好或更有效的办法来处理这个问题？

有时候真的没有办法了，这就是我们必须要修正会话的原因。

反思时刻

- 这是我们以前走过的路吗？
- 我们是否像往常一样继续前进？
- 这样坚持下去有意义吗？是不是可以换一种思维方式？
- 我今天、此刻、现在一定要这样做吗？
- 也许我真的很生气你又把鞋子扔在地上了，但有必要现在拿出来说吗？
- 如果我真的现在就把它提出来，事情会怎么样呢？

修正会话

培养一种在事后共同思考分歧或争论的能力，也许是一对夫妻可以共同努力的最重要的事情之一。事实上，我很多的工作就是思考他们意见不一致，容易产生分歧的地方，从而发现什么对他们最重要。这些修复性对话的确有能力让他们重新回到"配对"模式。换句话说，在分歧导致脱轨后，如何让关系回到正轨。不仅仅是回到正轨，真正重要的是把这些时刻看作我们了解彼此和自己的重要机会。每次我们与伴侣意见不一致不协调时，如果他们可以告诉我们，我们就能更好地理解体谅对方。每次伴侣很痛苦地抱怨时，我们就可以更好地了解对方的感受。这就是所谓的"小洞及时补，免遭大洞苦。"如果我们在出现分歧和矛盾的时候不及时努力修补，即使是小事，双方也会慢慢疏离，问题也会越积越多。

人们经常告诉我，有些事真的会吵了又吵，吵了再吵。有时是在从姻亲家里回家的路上，有时是因为把毛巾放在床上或又一次回家太晚，这些反反复复的争吵总让他们觉得无法避免，但又不知道如何改进。

处理这些反复争吵的一种方法就是别去管它，想吵就吵。对一些夫妻来说，这些重复性的争吵犹如穿旧了的拖鞋，是日久的相处中所熟悉的感觉，是一种定义自己的方式，也是面对生活中一些难题的方式，这些难题无须解决，但可以去适应和容忍。但是，一些重复的争吵每次都会带来痛苦。所以，有时候突然冒出来的争吵是一种错误的解决问题的方式。

更有效地利用争吵的一种方法是，在情绪不那么激动的时候抽出点儿时间，冷静地想一想。两个人一起积极努力地看一下发生了什么，明不明白对方为何这么生气——要去思考和好奇一下他们这么激动到底想表达什么。

这当然有可能会再次引发争吵，这也是为什么人们不经常这样做的原因。提前商定一些规则有助于解决这一问题。例如"如果我们说着说着就生气了，那就等到冷静下来再说"。如果两个人一起讨论一个问题总会觉得心里很不舒服或容易生气，那就说明你们的确需要第三方的帮助，更有把握、更稳定地一起来思考这个问题。

正是在这种修复中，我们变得更加了解彼此，问题也会变得越来越清晰。良好的沟通就是一次次去面对和再面对问题的繁杂过程。我们自己都需要时间搞明白为什么有时候会那么生气，更不用说我们的伴侣了。

杰克逊（Jackson）和娜奥米（Naomi）发生过争执，因为杰克逊曾说，娜奥米的家人对他辞职创业过于干涉和挑剔。娜奥米又非常维护她的家人，这让她也产生了抵触情绪。杰克逊真的很生气，就说了一些指责娜奥米家人的话。他们以前也这样吵过。

杰克逊：很抱歉我们昨晚吵架了。
娜奥米：我还是无法相信你说过的那些针对我家人的话。我真不知道你会那样想。
杰克逊：听着，我说了对不起了，你还想要怎么样？
娜奥米：我不觉得道个歉就结束了。
杰克逊：如果你不接受我的道歉，我也无话可说。难道这还不够吗？

这场对话真的没起到任何作用，杰克逊的道歉有点儿适得其反，对我们清楚地了解状况没有帮助。这句"对不起"没能解决他们之间的任何问题。

比较一下：

杰克逊：很抱歉我们昨晚吵架了。
娜奥米：我还是无法相信你说过的那些针对我家人的话。我真不知道你会那样想。
杰克逊：听着，我知道我说了一些让人不舒服的话，但我真的很生气。你爸爸批评了我的决定，这真的很伤人；我知道你爸爸很担心，但我自己会解决啊。

杰克逊描述了他的不安——这似乎会更容易让娜奥米理解他，也可以更好地让娜奥米把控自己的情绪。

娜奥米：我知道。对此我很抱歉。他有时候说话很直接，我也很生气。但你那样说我还是会很伤心。

杰克逊：我知道。我说得有点儿过了，但吵着吵着就控制不住了。我知道他们也只是担心我们。

娜奥米：嗯，我知道了。但你得告诉我你担心的是什么。

这次的对话双方就更坦诚、更关心对方了——也许老把这些担忧和焦虑放在心里会让人觉得很痛苦，也容易发生争执，但他们现在能够在对话中分享，就会感觉到更多的相互支持。这次不再有路障阻碍他们的沟通了，虽然他们绕了一圈，但却更好地了解了彼此，而且反过来还可以帮助他们回到"大路"上，让他们感觉更亲近了。了解杰克逊被戳中的痛处是什么可能真的很重要。

你为什么就不能说声对不起！

还有很积极的一点是，杰克逊和娜奥米都在争吵中承担了自己的责任，都向对方说了"对不起"。这样做很勇敢，因为对方有可能会说"是的，这都是你的错"，但这也可能会让对方同样地承认自己的错误。一般情况下，如果夫妻之间愿意去倾听对方，能够在不伤害对方的情况下谈论一些困难的事情，那么这种沟通氛围下的道歉就会更安全更有效。当你觉得可以很冷静地说对不起的时候，你就更有可能说出来。

这也有助于夫妻们思考道歉的不同作用。如果感觉只是在说某件事的对与错，那说出来就更困难了。"对不起，我错了"当然是一种非常有用的道歉。但夫妻们也发现了另外一种道歉，从而开辟了一个新的维度，那就是"很抱歉，我那么做让你很不舒服。我没想到会这样。"这不再是那么强烈的对与错（其实这一直是一种很微妙的界定），而是更多地去认可这些事情对对方的影响。

明白你为什么要去道歉并不总是那么容易。但是如果修复性谈话进行得很顺利，你给了伴侣一个机会解释自己，那你就可能会听到他们说出你的问题在哪里。你可能觉得听起来不舒服，或者不同意，但它可以让你的伴侣知道你在思考他们说的话，会帮助他们找到被倾听的感觉，反过来也会为你创造空间，来解释你心烦的事情。

这将取决于哪种方式对你有效。如果你在缝补，你肯定会选择合适的线或颜色；同样地，在你们彼此感觉疏离后，也可以学习如何以最好的方式来修复你们之间的关系。可以进行互动谈话（但不是在吵架的时候），因为你们双方的感受和想法可能都不一样。你们中的一方可能在吵架后需要一个拥抱或者身体上的抚慰；而另一方可能需要自己冷静下来想一想，或者需要一个笑话来缓解情绪。

事情发生后，想一想用什么修复性的语言也是很有帮助的。如果我们难以开口，可能就得考虑如何换种方式去表达，去认可它可能造成的伤害。有时我们也会认为，如果我们不承认困难，就会避开它，但我们应该更乐观地看到——找到一种方式来描述失望的感受，并一起分享而不是回避，这样才会有所帮助。

例如，我们之前提到的乔西，她必须要去上班，但可以用不同的方式来表达这一点。

比较一下：

🪑

乔西：我要去上班了，替我向孩子们道晚安。
瑞恩：好的。

如果是这样：

🪑

乔西：我要去上班了。对不起，我知道这对我们来说很难——替我向孩子们道晚安。
瑞恩：确实很难，但谢谢你这么说。

在第二个例子中，乔西明确表示这对他们双方来说都很难，这可能会让他们更容易感觉到彼此之间的亲密感。所以，即使在日常生活的细微对话中，当你做了一些可能会令人沮丧或失望的事情时，去承认可能会对彼此产生影响的小小姿态也有助于双方更友好和更亲密。

> **反思时刻**
>
> ◆ 吵架后，你们有没有努力反思过？
> ◆ 什么可以帮助你在争吵后恢复心情？
> ◆ 什么会帮助你的伴侣在争吵后恢复心情？
> ◆ 在你们的关系中，道歉风险大吗？能有效解决问题吗？

保持安全

我一直在谈论夫妻之间的分歧和争吵,以及如何修复彼此的关系。但显然还有安全冲突和安全分歧的问题。我希望这一章节中的一些想法可以在讨论分歧和困难的事情上提供一些建设性的帮助。但是,如果问题和冲突升级到令一方或双方感到害怕或失控的程度,或者你们的孩子要面临你们之间那些未解决的不利冲突,那就很有必要寻求适当的帮助——可以先从风险小、安全的方式开始。

保持安全可能会涉及双方要就如何避免事情升级,以及如何在越吵越凶时冷静下来达成一致。这在某种程度上取决于你们两个人是什么样的人。

下面是一些夫妻的想法:

- 如果有孩子的话,能够思考对话的时间,并能够在争论变得激烈之前就停止。
- 一个人可以说"我们需要暂停或先不谈了,因为情况越来越糟糕了"。
- 引导控制对话,不要变成指责对方。
- 思考一下实质性的东西在争吵时所起的作用。例如,如果喝酒会经常引发争吵升级,可能就真的需要认真对待了。
- 双方可以约定,如果都感到心烦生气,可以给对方留出一点儿独处的空间。

那些有类似相处风险和困难的夫妻可能需要专业的帮助,以避免争吵给他们和孩子带来危险或伤害。

👥 不要忘记那些美好的东西

谈论美好的东西也是至关重要的。和告诉伴侣你喜欢他们什么相比,告诉他们做了什么会让你生气或批评他们可能会让你觉得更轻松,特别是如果你的原生家庭也是这么做的。但是,彼此表达对对方的欣赏会有助于两人找到更适合的沟通方式。

👥 洗碗又是什么情况呢?

当阿什利没有按照艾薇说了无数次的要求去洗盘子时,艾薇在意的并不是有多少脏盘子没有洗,而是觉得她说话没有人听或是她在说很重要的事,阿什利却听不见。感觉被倾听对我们所有人来说都很重要,但对艾薇来说,如果过去有曾经被忽视的经历,这可能会特别重要。被倾听会让人觉得受到了尊重或关心。

同样地,当艾薇继续数落他洗盘子的事情时,阿什利可能会认为她是一个爱唠叨的人,只想按自己的方式做事,根本不关心自己,而且有点儿过分了。我们可能会想,阿什利过去的经历中经常会有人让他去做这做那。

不同的一些问题可以帮助我们更好地沟通:

- 艾薇希望阿什利能明白她内心对洗碗这件事的真正感受吗?或者她有没有必要更直接地说出自己的要求?
- 如果这样的话,有没有什么办法可以让艾薇更好地表达她的想法——直接说出她的感受,而不是去说她觉得阿什利多么不可救药?

比如可以这样说:"你把盘子放在水槽里我觉得很烦,因为我会觉得你放在那里是因为你知道我会去洗。"至少如果艾薇说出了她的想法,阿什利就有机会听取她的建议,并对她的担忧做出回应:"我真的不是放在那儿让你去洗的。我只是没说出来(不用你去洗),你现在明白了吗?"通过这种交流,他们就有机会澄清问题了。

- 艾薇是在表达她对其他事情的情绪吗?关于洗碗的交流是不是意味着他们需要通过一方或者双方一直在逃避的、困难棘手的谈话来处理一些其他的事情呢?
- 他们如何才能使这次谈话更有效呢?谈话的语气有什么特别的问题吗?艾薇说话的语气会让阿什利有什么感受?谈话的时间怎么样?有没有更好的时间来讨论这个问题呢?

如果艾薇说"我会去洗的",但她的语气很生硬,那她这样做就只是为了更强烈地表达情绪,阿什利是不是应该明白这一点呢?如果他忽略了这一点,这会对他们有帮助吗?当其中一人生气时,他们怎么处理?他们能想出更好的解决办法吗?

正如我在引言部分所说的那样,因为洗碗而吵架时,你们不可能在那一刻像现在这样考虑得面面俱到,但是你们可以考虑一下其他正在发生的事情,或许可以晚一点儿换个时间再来谈话。

小结

我们会因为我们在意的东西和伴侣吵架;这些东西会让我们或伴

侣感到不安,或者对我们其中一方非常重要。我们可能曾经尝试过用其他方式进行沟通,但失败了;或者曾经试图去逃避它(现在又以另一种方式暴露出来)。如果我们能更好地倾听对方,多理解一下不同的想法或沟通方式,可能会帮助我们了解那些对我们双方都很重要的事。如果一个问题不断出现,它显然很重要,为了双方更好地相处,就需要找到一种解决方法。

写这本书的时候,我会定期与一位好朋友(同时也是我的同事)进行视频会议,讨论我的想法。不知什么原因,有一段时间我们总是遇到链接问题,每周都会遇到困难。有时我不得不给她打电话,看看她在哪里。最终我们解决这个问题了,但有时我们都会感到有点儿生气。要找到正确的链接有这么难吗?当意识到我们的困难和麻烦是多么契合这一章的主题时,我们笑了。进入同一个"页面"所带来的挫折和沟通工作都远远比我们预料的要多得多。

同样的,而且更强烈!在夫妻关系中,我们可能会认为很容易就能与伴侣进入同一"页面",但很遗憾,这需要努力。如果我们的最大愿望是我们所爱的人不费吹灰之力就能理解我们,那一定会失望和沮丧的。如果我们一直认为我们明白伴侣的想法,那也会感到失望的。我们替对方把话说完,那就是自寻烦恼。

因此,为了达成更好的沟通方式,我们不能总认为伴侣一下子就能明白我们的意思。相反,这需要经历一个不那么顺利的过程,需要耐心和解释,可能还会有一些争吵,同时我们要努力更好地相互理解(包括理解我们自己)。我们如何交谈,如何倾听,以及如何创造一个空间来尝试理解彼此的行为(这的确也是一种沟通方式),所有这些对我们来说都是有所帮助的,我们希望可以在努力理解对方以及被理解的基础上相互信任。从某种意义上来说,夫妻们需要的"争吵"(也许这一路上还有很多次)是通向这一基础的必经之路。双方也同样可以在此基础上进行困难但必要的对话。这会经历几个不同的阶段。首先是要确保双方的确有沟通的可能（特别是考虑到自然而然地要去回避谈论棘手问题）；另外还需要投入时间和关注去保持和维护沟通渠道的畅通无阻。

在该领域行之有效的若干建议

- 抽时间定期了解彼此的情况。也可以扩展到……
- 积极地抽出时间，专注、不分心地与对方谈论重要或有潜在困难的事情。
- 耐心地倾听对方说话，不要打断对方。
- 要意识到每个人都会有沟通方面的困难。
- 要考虑到双方在成长过程中受影响的沟通方式。
- 寻找积极有效的道歉方式。
- 不要一谈话就责备对方。
- 记得品评一下好的方面。
- 即使不同意，也要学着去认可彼此的想法或感受。这一点非常重要。它可以让对话不再那么僵化和充满戒备，会让彼此都感受到来自对方的更多理解。

家庭（你妈妈快把我逼疯了）

生活中有很多关于婆婆的笑话，但对一些夫妻来说，"姻亲"的话题一点儿都不好笑，反而会引发令人不快的争吵，甚至还会触及他们的痛处。

比娜（Beena）和马可（Marco）就是这样一对夫妻。他们有一个两岁的儿子西奥（Theo），而比娜又有了六个月的身孕。马可的妈妈索菲娅（Sophia）之前住在国外，现在和他们一起在伦敦的公寓里生活了一个月了。当时的想法是，比娜实在太辛苦了，索菲娅可以来帮帮忙，还可以陪西奥度过一段宝贵的时光。然而，索菲娅的到来非但没有减轻他们的压力，反而每天晚上在索菲娅睡觉以后，比娜和马可都要吵架。比娜非常气愤索菲娅与她相处的方式。索菲娅一直在提醒她要健康饮食，说长期吃薯片和巧克力对胎儿不好，比娜觉得这样很不礼貌。索菲娅说，马可小时候，自己从不允许他像西奥这样吃零食，而且他一直都会乖乖地把饭全部吃完——不像西奥这么挑食。但是比起索菲娅那些咄咄逼人的评论，比娜更生气的是马可居然一点儿也不维护她。凭什么他妈妈要到这里来指手画脚！这是她（比娜）的家！而另一边，马可也很发愁，到底该怎么办？他觉得夹在妻子和母亲中间很为难，无论他说什么都会得罪其中一个。

我想在这一章里详细讨论"姻亲问题"，因为它似乎代表了一个所有夫妻都得想办法解决的更大范围的问题——也是"他们需要的一种争吵"。也就是说，如何去解决他们彼此的原生家庭①对他们婚姻关系影响的方方面面。当我们与伴侣的家庭文化和处事方式有分歧和矛盾时，比娜和马可的故事（我也听说过很多类似的情节）似乎很生动形象地描述了我们不可避免会面临的那些紧张状况。马可的母亲做事的方式与比娜不同，这并不是唯一的问题，这些差异让比娜感觉很唐突很反感，却又无能为力。马可和比娜需要解决的是他们的心理承受能力，在多大程度上，他们可以忍受马可家的处事方式。这些问题不会消失，因为一个人所处的大家庭也是他们生活的一部分。

见家长

我们"见家长"的这一刻通常会被认为非常重要，但事实上它只是一项漫长而复杂的任务的开始，要找到一种方法去应对彼此的家庭和他们的行事方式。这些方式不会再在他们自家的房前屋后了。它们来到了你的身边，进入了你们的感情世界。

来进行心理治疗的夫妻们在这方面的分歧和争执特别痛苦和伤神。有一种"太过直白、过于露骨"的感觉，但也理当如此，因为家庭就是那么地刻骨铭心，印在我们的内心深处。同时，这也是夫妻们"需

---

① 这里的原生家庭指的是一个人成长过程中主要的照料者。

要拥有的一种争吵"。帮助他们找到一种适合"这个家庭"的方式很有必要，婚姻既和他们双方有关，也和他们双方的大家庭有关。

所以在这一章里，我会讨论一些"与家庭有关"的冲突，它们可能并不总是那么显而易见，也不全都是关于婆婆之类的争吵。我会考虑可能发生的事情，也会向大家展示这方面的冲突是成为夫妻并更好地理解彼此的一部分，是非常正常和必要的，然后我会再回来讨论比娜和马可的问题。

你是从哪个星球来的？

一对夫妻正在争论，是把水槽堵上，放满水洗碗，还是把水龙头打开，然后分别清洗所有的东西。他们很乐意调侃彼此之间的这种差别。他们有时候又会觉得差别太大，时不时地会觉得郁闷生气。

如果不考虑个人的成长方式和环境，我们或许就理解不了这些紧张关系的根源，就不能真正明白他们为什么这么固执己见。事实证明，洗碗槽蓄满水可以节约用水，这种想法是根深蒂固、日久难改的。在她长大的地方，不是想当然就能获取淡水资源，她妈妈每天都会向她灌输节约用水的重要性。这与她伴侣的经历完全不同——他从来就没想过这个问题。

当我们的观点与伴侣坚信的观点相冲突时，我们面对的或许是隐藏其中的一些很久远的问题，这可能与双方家庭的不同处事方式有关。在某种程度上，我们可能恰好会被这种差异所吸引。但同样又会觉得很难理解他们。就像一个当事人所说——常常感觉我们好像来自不同的星球。

有些夫妻对此深感忧虑。有一种观点认为，为了更和睦地相处，夫妻对不同的事情应该有相同的感受。但即使我们在同一条街上长大，互为邻居，在相同的大环境中，我们各自的家庭氛围也可能有所不同。

这让我想起我和朋友们一起出去玩儿的情景，那时我们的孩子还都是婴儿。尽管我们有诸多相似之处和共同点，但我们为人父母的方式却各不相同。喂养孩子、抱孩子、和他们说话、与他们玩耍的方式都不一样。如何逗乐孩子，如何应对他们的闷闷不乐也各自不同。孩子难过或者不睡觉时，我们的安抚方式也不同。我们制定的规则和管理时间的方法不一样；我们能够容忍的混乱程度不一样；我们与伴侣一起分工合作以及解决分歧的方式也不一样。毫无疑问，我们都爱我们的孩子，并为之竭尽所能，但我们都有不同的方式，对我们能给予孩子什么抱有不同的希望。

快进一步，把这些婴儿想象为成年人，因恋爱或婚姻走到一起，也要面对和解决他们截然不同的做事方式——这些看似不同的方式也许构成了他们不可或缺的自我认知，使其更加完整。世界上的每个家庭都有自己的感受、自己的氛围、自己的规则以及独一无二的家风。无论在一个什么样的家庭里长大，你不可避免地都会学到一些处事方式——事无巨细到怎么吃饭、如何表达爱（或不爱），以及可以在卫生间待多久。你不一定非要同意这些想法，随着你的成长，你会形成自己的观点——保留一些想法，反对其他想法。你也可能会有一些独特的经历和体验，从中看到世人和社会如何对待你的家人，他们在世上生活得艰辛还是轻松。所有的这些想法和经历都会存在于一个慢慢长大的孩子的心里。当这个成年的孩子与其他人在一起时，他们必须找到一种方法来应对和了解彼此不同的想法。在我们做事和思维方式的深层次差异的困扰中，除了潜在的丰富性之外，还存在巨大的文化冲击和分歧的可能性。这些差异与我们成长的大环境以及我们特定的家庭文化有关（也会受到家庭所处的大环境的影响）。了解这些差异以及彼此之间的方方面面是段漫长而又不可避免的坎坷之旅。

你为什么要那样做（或者你为什么不那样做）？

梅尔（Mel）洗完衣服后总会习惯把衣服拧干，而且每一次他的伴侣罗莎（Rosa）不这样做的时候，他就非常生气。反过来，梅尔如果不把刀叉头朝上就放进洗碗机里，罗莎也会很生气。

卡莱布（Kaleb）认为周末就该彻底放松。他不介意孩子们睡在电视机前，只要他们愿意。劳拉（Laura）却认为这糟糕透了，每个周末他们都会为此争吵。

梅格（Meg）是一个规划师，喜欢提前订票。皮特（Pete）觉得这种有条不紊的做法非常烦人，他更喜欢心血来潮。

奈莉（Nelly）和路易斯（Luis）很难在度假问题上达成一致。奈莉不想和朋友们一起去，因为她觉得一点儿都不清净，她讨厌那些不得已的迁就。而路易斯则认为假期就是一种社交。

关于这些差异，大多数夫妻都有不同的版本（至少我合作过的夫妻都有，在我的婚姻中当然也有自己的版本）。这些处事方式的观念冲突在我与夫妻们的谈话中反复出现，有时会让他们发疯，有时会让他们担心能否和睦相处，而且这常常会让他们觉得伴侣粗心大意、漠不关心或者控制欲极强，因为他们似乎不愿意或没有能力以其他方式来处理这些事情——为什么你就这么难理解这对我来说有多重要呢？！

一种更积极有效地思考这些差异的方法或许是使用"家庭"视角，看看我们的成长环境如何根深蒂固地影响了这些差异的形成，无论是我们家庭的行事方式，还是我们对这些方式的反对。梅格成为一名规划师，不是因为她的家人都是规划师，而可能是因为她家里的一切都很混乱，这让她觉得她想（或需要）一种不同的做事方式。如果奈莉来自一个没有度假概念的家庭，如果她没有兄弟姐妹，或来自单亲家庭，她或许比来自大家庭的路易斯经历要少，可能她就更忧心忡忡了。

对不同的行事方式和经历的好奇心让我们开始在家庭背景下来描述这些差异。仅仅因为我们总是以一种特定的方式来做事,而这种方式又是我们从小耳濡目染的做事(或不那样做)的方式,但它不一定就是正确的(即使真的感觉它是正确的)。当我们的伴侣行事方式与我们不一样时,也并不一定意味着他们就是在故意刁难(即使感觉确实如此)。既然是夫妻,我们可能就得扩大我们的接受范围,去容纳一整套即使是关于小事情的新的想法(更不用说我后面会谈到的大事情了)。

卡莱布和劳拉在周末可能经常都是这样吵架的:

劳　　拉:你就真的不担心孩子们整个周末都在看电视会看坏脑子吗?

卡莱布:他们整个星期都很努力!你为什么就不能让他们都休息一下呢?

劳　　拉:他们应该去户外活动、做点儿什么或者读读书。

卡莱布:我觉得他们也该放松一下。

父母可以一起讨论他们的不同观点,这对孩子们来说是很有意义的。但这样的争吵让劳拉和卡莱布都很恼怒。如果结合他们各自的家庭背景,再来一起思考这个问题,是否能够缓解一些紧张气氛呢?

劳　　拉:事实上,我觉得这就像我小时候一样,只要有机会,父母就会把我扔在电视机前。我自己看几个小时的垃圾节目,这对我没有任何好处。我不想我的孩子也这样。

卡莱布:我明白。但这和我的经历不同。一家人一起看电视真是美好

> 温暖的记忆。以前每天晚上,我们一家人都会坐在一起看好看的节目,感觉愉快放松又自在。

这种对话看似为非常具体的"我的方式或你的方式"的交流提供了背景。当你开始看到彼此(以及你自己的)这些层面时,它有助于消除对话中的紧张气氛。通过差异的比较(而不是一场非赢即输的比赛或抢占机会成为正确的那一个),你可能会了解你自己,也会对你一直深信不疑的一些事情有新的看法。

虽然熟悉的东西会让我们觉得舒适自在(我认为"家庭"就在这份熟悉名单中),但同时我们也渴望一些不同的东西。在我们分歧的紧张气氛中,如果我们能不被差异所激怒或冒犯,也许就可以向彼此学习。例如梅格和皮特,在提前规划和即兴安排的冲突中,他们也许能够彼此影响。卡莱布和劳拉的孩子们也许会从他们父母的想法中获益。这个熔炉中有一股潜力,它容纳了我们从各自家庭中所带来的一切。

反思时刻

- ◆ 在日常习惯和做事方式上,你和你的伴侣经常发生冲突吗?
- ◆ 你会把一件事情应该怎么做的想法与你们家曾经是怎么做的联系在一起吗?

食物

食物是出现家庭差异的一个生动而丰富的领域。夫妻在食物的很多方面都会意见不一致——喜欢吃什么,什么时候想吃,吃饭做饭的方式,使用餐具的方式,收拾(或不收拾)的方式,围绕饮食而养成的餐桌礼仪，甚至如何储存食物都不尽相同。其中一些可能与我们自己的方方面面有关，这些方面又与我们最早期经历的家庭关系有关——其中的一些可能早于我们的记忆。我们被喂养的方式，获得食物的难易程度，照顾我们的人对食物的感受和处理方法以及父母为我们准备的食物——所有这些都决定了我们是谁。我们都与食物有着千丝万缕的联系，它融入了我们生活中的每一天。我们与一个人恋爱，甚至生活在一起时，食物很可能就成了一个共享的领域，但又很个体化：采购、做饭、吃饭、饭后清洁收拾（好像任何与伴侣一起在封控期生活过的人都需要我的提醒）。当你偶然捕捉到了你的伴侣对食物和饮食的感受和态度时（包括看到和听到他们吃饭时喜悦与否，详细内容见第5章），你看到的其实是非常私人的事情。有时分享食物的想法丰富多彩，感官的愉悦和反复的分享体验会让夫妻更加亲密。但有时也会很困难，因为人们对食物和饮食会有一些更深层更强烈的想法。

　　李（Lee）和柯南（Conan）是一对因争吵而来寻求帮助的夫妻。他们觉得两人在很多方面都不一样，担心不能和睦相处。他们争论的问题之一就是双方坐下来一起吃饭的方式不同。李觉得柯南对吃饭不感兴趣。一天结束了，李想坐下来一起吃饭，柯南却说自己很累，而且这是他最不愿意干的事情。

　　听上去，李是一位非常称职的厨师，花了大量的精力和心思来准备和烹饪饭菜。李说她家就是这样的。的确如此，当我开始让李描述一幅她童年的画面时，这就是立刻在她脑海浮现的内容——一天结束后一家人围坐在餐桌旁的情景。她说，爸爸下班回家，妈妈做晚饭，他们就直接上桌去吃。这就是在繁忙的一天结束后，一家人再次接触联系的方式。李说这也是她真正想在新的家庭关系中重现的东西。

　　柯南与食物是另一种不同的关系。他说吃饭在他家没什么大不了的。柯南是五个孩子中的一个，他记得大家都是来来往往，进进出出的，有什么就吃什么。他的父母都是轮班工作，所以没有固定的时间让每个人都坐下来一起吃饭。有时柯南觉得很沮丧，因为李非要坚持一起吃饭或者吃一些精致的菜肴。对柯南来说，家庭生活真的与食物无关。他也讨厌李精心烹饪后的清理工作。

结合他们各自家庭对待饮食的不同态度来讨论这件事情才有启发意义。这不仅有助于更好地理解彼此，而且也让人们注意到李的一些悲伤。李谈到她有多么想念住在国外的家人。李想念家乡，不仅是家乡的饮食文化，还有家人和朋友的所有生活方式。柯南说，他想让李感觉到和他在一起就是家，李也一直在努力。这场关于饮食的不同态度的谈话引发了他们之间一些需要解决的更尖锐、更痛苦的问题。有时，在日常事务中，我们学到了一些重要的东西，只有花时间去了解为什么伴侣和我们感受不同时，我们才能体会这些重要的情感。

关于吃饭时间的争执并不是他们之间唯一的问题，但开诚布公的讨论无疑可以更加深入地了解他们之前彼此很陌生的一个重要领域。这也让他们有机会来思考可以协商沟通的东西，以找到解决问题的办法。柯南更好地理解了坐下来吃饭对李意味着什么，并愿意为此更加努力，但前提是，李也应该更明白当柯南看到到处都乱七八糟的时候是多么生气。透过他们家庭背景的视角，来看他们不同的想法，似乎可以消除彼此之间的紧张气氛。

反思时刻

- 你们家的食物和就餐都在什么地方？你有没有关于吃饭的什么特殊经历？有和食物相关的家庭故事吗？
- 在你们目前的关系中，对食物和饮食是什么感受？
- 这是否与你们原生家庭中关于食物和饮食的观念有关？

为什么你从来都不表达对我的关心？

我们的家人提供了我们最早被关心（或不被关心）的经历，所以涉及希望如何被关心以及想要什么样的关心方式时，每个人都会有不同的观点，而且可能会把它们带入到新的家庭关系中。

丽莎（Lisa）和艾略特（Eliot）来寻求帮助，因为丽莎在婚姻中感觉很孤独很无助。我们讨论的一个主题是他们如何相互表示自己的关心。丽莎觉得艾略特从未向她表示过关心。这是她经常生气的原因，心里充满了不平和怨恨，因为她觉得自己很关心艾略特。我问艾略特是否真的向丽莎表达过关心。他说这很搞笑，自己好像一直都在努力这样做，但似乎还不够。他讲了他会到房间里整理孩子们扔在地上的鞋子和袋子，把它们整齐地放好，因为他知道地上乱糟糟时丽莎会很生气。他这样做是为了丽莎，甚至没想过去得到什么承认，但听到丽莎说他不关心她的时候，艾略特很难过。

当我问他们各自的家庭如何表达爱和关心时，丽莎说她们家一直都会送礼物。不管经济状况如何（虽然不是一直都那么好），但她爸爸总是会带回一份礼物或是一个气球，表明他一直想着丽莎。丽莎说到这些的时候非常难过，她说父亲去世以后，自己很想念他。

艾略特说他家从来没有这样过。他说："努力工作、不惹麻烦就是表达爱的方式"。他的父母，像丽莎的父母一样，都很传统，为了养家糊口，爸爸一天要工作很久。艾略特说这就是他父亲表达爱的方式。礼物在他们家没那么重要。他猜想这就是父亲的榜样作用——"做好自己的分内之事，努力工作，坚持不懈"，无论是清理凌乱的鞋子，还是出去工作，艾略特觉得自己已经尽了最大努力了。

这样的对话可以帮助一对夫妻改变一些状况，帮助他们意识到：虽然可能会觉得伴侣总是错的（或他们自己总是错的），但也可以理解他们为什么总是想把"方钉"式的爱和关心放进"圆孔"的空间里。在恋爱或婚姻中,如何表现出你的关心是非常重要的。我们最深切的渴望之一就是被关心,而且我们也希望伴侣们能给予我们所期待的那种关心,而不总是非得我们说出来。

我们必须准备好面对这样一个事实,即伴侣可能不明白我们对于关心的理解,即使我们已经向对方详细说明过了——它或许完全不同于他们想的如何向别人表达爱的方法。那种"无论我做什么似乎永远都不够"的感觉,或许能够说明人们对什么是爱或关心有不同的期待。也许这里还有更深层次的情感,我稍后会谈到,但就目前而言,明确你们希望对方表达爱或关心的方式可能会有所帮助。可能得有一些表示,比如礼物、一些更具体或者看得见摸得着的东西,要去表达你的关心,让别人看到你努力的样子,要用语言表达出来,努力工作,保持房间整洁,或者那些你成长过程中感受到的表达爱或关心(或没有表达出)的事情。

反思时刻

- 你成长的过程中,你的家人如何表达爱和关怀?
- 你和伴侣的表达方式有区别吗?
- 你喜欢别人如何表达爱和关心?

何谓夫妻?

对于日常事务,我们可能与家人的想法不同——什么是最好的洗碗方式或吃饭时应该是什么样子的。但对不那么具体的事情,我们可能也有不同的想法。夫妻应该是什么样子的?什么是良好的夫妻关系?孩子对夫妻意味着什么？性对夫妻关系有多重要？什么时候夫妻关系会出问题？我们因为各自的原生家庭而形成的关于夫妻关系的观念非常重要。当我第一次见到一对夫妻时，我想考虑的一个方面是他们脑海里有什么样的夫妻关系范例。他们的父母和祖父母的夫妻关系是什么样的？他们有没有作为模范的夫妻榜样？他们对于夫妻关系的看法可能完全不同。

安雅（Anya）和本（Ben）来接受治疗，讨论他们在安顿下来和组建家庭方面的一些分歧。本真的非常想组建一个家庭，但是安雅说，她对本的感情是很坚定的，也知道自己在某个时刻会要孩子，但她并不着急。她才31岁，还有充足的时间。就目前而言，她的事业更为重要。本觉得安雅是在逃避现实。他担心安雅的年龄——他们怀不上孩子怎么办？本还觉得这削弱了他在夫妻关系中的安全感。或许安雅不像他那么认真地对待此事。

思考一下他们心里的"夫妻"模板，于他们而言，这就好像是婚姻的范例，以此为出发点他们各有各的想法。安雅说她父母之间总有一种冷漠。她从未完全理解这一点，但安雅有一种感觉：她妈妈很怨恨放弃工作去照顾她和弟弟。她看得出来，妈妈觉得从来没有自己的钱，尽管爸爸总是说钱是大家的。所以安雅很坚决地认为她一定要有自己的事业；她不想被困在妈妈曾经的位置上。这一切都和她现在的担忧有关——担心生孩子会影响现在的事业。她觉得自己需要在工作中更加稳定，才能考虑抽出一些时间干别的。

本说他不想效仿他父母的关系。他觉得他们并不是特别幸福，在他看来，父母只是为了他和两个弟弟而"凑合在一起"。他最小的弟弟一毕业，他们就马上离婚了，这"对大家都是一种解脱"。安雅迟迟不想生孩子，这让本很担心。或许这说明她对这段关系有顾虑。从他们过去的家庭经历中，完全可以理解他们对于成为一家人都有各自的担忧。向对方倾诉自己的担忧真的很重要，这样，双方的想法就可以在他们自己的关系中接受"现实的检验"。

例如，安雅深信"她不能困在妈妈曾经被困住的地方"，这个问题需要他和本一起解决，而不是安雅自己一直坚持这个想法。安雅的坦诚，意味着本能够与她一起解决这个问题。同样地，本也很坦诚地表示他对这段关系缺乏安全感，那安雅就可以在这方面让他安心无忧。对本来说，弄清楚他此刻的哪些感受与成长过程中的所见所闻有关，哪些感受属于现在的关系，这一点很重要。

这项工作花了一些时间，因为他们要一起讨论和思考这些问题。虽然他们最初的想法似乎有点儿两极分化——本是渴望生孩子的人，安雅恰恰相反——但慢慢的，他们的对话就转移到了一个更安全的区域，双方都可以很坦诚地说出内心复杂的感受。结果发现，安雅并不真正了解自己内心对生孩子的渴望，但她又害怕去思考这个问题，因为没有时间。由本来表达这个愿望似乎更安全。同样地，本也担心为人父母会产生的各种问题。这样，他们的话题就扩大了。能够谈论内心的复杂感受会让他们更支持更理解对方。

与我一起治疗了大约一年后，他们说对彼此有了更深的了解，并且感觉在某种程度上可以更自由地塑造他们自己的关系，而不会再像父母那样一成不变地固守着一种模式。这并不意味着他们找到了所有的答案，或者已经做出了决定，但对他们来说，一切更清晰了，他们能够搞清楚问题出在哪里。

我们对夫妻关系的这些想法可以作为我们可能希望或不希望遵守的模板或路线图。如果我们能够倾听自己与对方的这些想法，就能更清楚地意识到它们是如何塑造我们的想法和期望的，并就我们是否想要复制或避免父母关系中的某些方面进行更积极的对话——是否想沿着他们的路线图继续前行。

我们从家庭关系中继承的模式会以不同方式在我们现在的关系中

产生共鸣,影响现在关系的方方面面。有时是非常微妙的耳语,需要仔细倾听;有时它们会更吵闹、更明显。下面是我经常与夫妻们在这个领域思考和讨论的问题。我知道每个人都有自己独特的家庭经历,有些人可能没有双亲,有些人可能不是由父母抚养长大的;无论经历了什么,能够融入新的关系都很重要。

> **反思时刻**
>
> - 你们会如何描述家庭关系?
> - 对于他们(父母)的关系模式,你们会有恐惧或希望吗?
> - 有没有其他吸引你们或你们不想效仿的夫妻模式?
> - 你们的家人是如何沟通的,这对你们的沟通方式有何影响?
> - 你们父母是如何处理他们之间的问题的?
> - 你们父母是如何处理分居问题的?你们怎么理解其中的原因(如果适用于你们的家庭)?

为什么你总是反应过度

你可能不仅仅需要绘制你成长过程中经历的关系模型。每个人都有独特的家庭经历,这就意味着每个人都会有专属于他自己的痛点或敏感之处,那也许是他/她曾经受伤或感到失望的地方。通常,只有在夫妻关系这种特别亲密的关系中,这些敏感和脆弱才会显现出来。这些经历可能会让我们对于进入恋爱或婚姻产生实质性的担忧或恐惧。但有时也会是一些小事情,比如,如果你觉得你的家人对你不那么在意或关注,你可能会对伴侣看手机时显得有些冷漠而感到特别敏感。阿什利觉得艾薇对放在水槽里的餐具反应过度,但也许艾薇有过这样的经历，这让她对别人的忽视很敏感，并会将这种经历与水槽里没洗的餐具联系到一起。如果一个人在暴力或好斗的环境中长大，伴侣的一个愤怒表情可能就会让他感到威胁或危险。

人们经常这样向我描述他们的伴侣——"这太奇怪了，我从来没有因为别人感到这么难过／生气／受伤"，只有在最亲密的爱情氛围中，这些旧的痛点才会被触及，才会真正受伤，但这常常会让对方迷惑不解。

如果完全不了解状况，也根本不知道是怎么回事，就会很难忍受一个人独特的软肋和痛处。就像第一次开车穿越崎岖的地面，不知道哪里会有个坑或者凸起，只有当你的伴侣痛苦地尖叫时，你才意识到掉到坑里了。在一段感情中，要了解具体情况，并弄清楚自己是否能处理好，是一个缓慢的过程。

所以，当我们说"你的家人让我发疯"时，也代表了生活在一个人身体里的那个"家庭"。因为融入体内的这种家庭经历是那么的经久弥长，这里面太多的故事和情景会让他们的伴侣一次又一次觉得似曾相识。

内森（Nathan）和艾拉（Ella）来我这里接受治疗，以改善他们的关系，他们觉得两人有时关系很好，但有时又很爱争论和生气。内森经常提起艾拉的迟到和她做事缺乏安排计划，这是他一直在努力解决的问题。内森觉得艾拉需要"长大"并承担更多的责任，他不愿意一直去帮艾拉收拾烂摊子，没有为此得到过任何的感谢。内森真的觉得很心烦，他不明白艾拉怎么就看不出自己的行为对他有多大的影响。

我问艾拉她自己是否纠结这件事情。艾拉说，她的家人一直都在挑她这个毛病，她觉得家人们给自己贴上了一个乱七八糟和不可救药的标签，不像她哥哥那么井井有条。事实上，艾拉总觉得哥哥比她更有能力，哥哥成绩斐然，受人喜欢。她和内森为此吵架时，内森会让她感觉很糟糕。她知道这是一个非常难改的习惯，但她会努力改正，并希望这不会妨碍他们的关系。艾拉担心，如果她总是为此向内森道歉的话，这可能会变成一个更大的问题。

这似乎是他们之间的一个非常重要的问题，需要更好的理解和沟通。了解一下艾拉与哥哥的关系会让他们双方都对艾拉有更深层次的认识。艾拉说，与哥哥相比时感到绝望是很久远的一种感觉了。内森的抱怨真的触及了她的痛处。当内森抱怨时，她感到与哥哥之间的宿怨感油然而生，而这一切现在又在她和内森之间发生了。她也感觉很糟糕，想为自己争辩点儿什么，让自己好受一些。有了对这些新的层面的了解，内森再抱怨艾拉时就可以更好地顾及她的感受。内森说也许他需要更温和一些。当他这么做的时候，艾拉也不会再觉得一定要为自己辩解些什么了。这消除了谈话中的紧张气氛，也为内森提供了一个空间，让他可以谈谈艾拉的迟到对他的影响。内森说他有时真的很惶恐，艾拉压根儿就不知道这些。事实上，艾拉每次迟到，都会不经意地触碰了内森的一处伤疤。更加意识到彼此内心的脆弱对他们来说很有帮助，他们之间的尖锐矛盾会因此慢慢消退。

有趣的是，他们已经选择了对方。他们之间有差异，虽然不那么合拍，但实际上却提供了一个机会，让他们努力克服问题，良性发展。艾拉觉得内森很爱她（虽然他很焦虑），所以她也开始更多地思考每次迟到对内森的影响。内森也能够分享他平时隐藏起来的一部分自我。

开始慢慢了解彼此的情感世界，探知彼此过往的伤心事，可以避免一对夫妻在同一个地方一次又一次地伤害对方，这是可以做到的，除非他们非要刨根问底地弄清楚为什么对方总是以同样的方式来解决问题。绘制内心的情感地图就好比使用手机上的地图应用程序，可以非常近距离地看到一个地方，甚至可以看到其中的建筑物，这可以是双方的一种互动方式。在这个过程中，有时是自己变得更加了解自己，并找到一种方式将其传达给伴侣。有时是伴侣帮助他们更加了解自己，从而两个人都加深了认识。随着越来越熟悉对方的情感世界，当一对夫妻可以理解他们对彼此的影响时，通常来说就会如释重负，给了他们更多的机会来尝试改变，或者至少承认改变会带来的痛苦。

这完全不是我希望的那样

我们早期经历的种种关系中的挫折和失望，无论是与父母、兄弟姐妹还是与其他我们亲近的人相关，都会留下印记，影响着我们对未来关系的期望。渴望着去重复（或避免）早期经历中那些熟悉的东西可能会使我们（甚至没有意识到）想去靠近和那些东西相关的人，也正因为过去的经历，那些人在冥冥中对我们有一种更深的吸引力（也因为同样的原因，他们可能早已经和我们息息相关）。

这就是为什么我们可能会看到有些人，甚至是我们自己，可以与不同的人以一种熟悉的方式来结束关系，或者为什么我们似乎有一种"模板"。就在我们认为远离了家人的时候，他们传承给我们的东西可能正在指导着我们对眼前的关系做出选择。这种指导可能是积极的，也可能是消极的，但意识到这一点总是有用的。如果我们能够思考一下我们对伴侣的那些希望和期待，明白其中有一些甚至是我们没有意识到的，我们就可以发现，在任何关系中要实现这些目标都是一项艰巨且几乎不可能完成的任务。我们的愿望和期待可能太过于强大，会令人不知所措。它们可能会让人们不满意自己的伴侣，但又不知道自己为什么会这样想。有时它会起到另一种作用——对一段关系抱有过大的希望，以至于忽视了这段关系已经千疮百孔。我经常要解决的问题是，双方的关系是否还容纳得下这些错配的期望。你可以接受你们双方的关系并没有修复那些本该修复的东西吗?你们会觉得遗憾和惋惜吗?你们可以平静地去接受这种失望吗?

我有时会听到这样的话:"我觉得非常失望,因为这完全不是我想象中的结果——但现在我会去想我到底希望的是什么,我觉得这与我成长过程中的悲伤经历有关。想起那些我渴望的东西是很痛苦的。"但是,当我们放弃一种理想化的版本,找到一种方法把这份失望化为彼此可以欣赏、可以分担的东西时,我们彼此的关系就会更实际一些。

维姬(Vicki)和肖恩(Sean)来接受治疗,肖恩发现维姬与同事有婚外情。维姬与肖恩在一起 20 年了,孩子都十几岁了。两人都对这种情况感到非常痛苦,来寻求帮助,支撑他们度过这段危机。维姬已经结束了那段恋情,并说她想尽力挽救与肖恩的婚姻。肖恩伤心欲绝,说他不知道该怎么办,但来接受治疗似乎是一个新的开始。

当我面对被发现了婚外情的夫妻时,要顾及那种强烈的痛苦、背叛和愧疚感,还要试图去了解发生了什么以及为什么会这样,工作就会复杂一些。对维姬而言,她似乎在婚外情中找到了一种自由感,这在她与肖恩的婚姻中是不曾有过的。维姬说她发现肖恩很挑剔,要求很高,她觉得从未被允许以自己喜欢的方式来表达自己。与她发生婚外情的同事"对她没有任何要求",她说自己渴望这种感觉。

我们结合维姬的家庭背景来思考这个问题,维姬说她母亲可能一生都患有抑郁症,只是没有确诊而已,家里的气氛总是很紧张。她的父亲非常严格,所以整个家庭生活就是不能制造麻烦或惹大人生气。维姬似乎多年来都一直渴望"一个对她没有任何要求的空间",这远在她和肖恩结婚之前。肖恩觉得维姬对他不公平,他没有维姬想象的那么苛刻。

要想弄清楚这些情绪源自哪里是一个漫长而复杂的过程,有很多问题需要考虑。维姬是不是选择嫁给一个有点儿像她父亲的人,以便可以修复一些她曾经熟悉的东西？还是把她与父亲关系的想法投射到了肖恩身上？肖恩有没有意识到维姬心里对他的想法？他们一直在回避谈论自己的感受吗？婚外情是一种处理方式吗？肖恩这边也有很多问题。背叛对他意味着什么？他被维姬吸引的原因与他的经历有关吗？背叛似乎曾经是他家的一个主题：肖恩九岁时他父亲有了婚外情，这结束了他父母的婚姻。

肖恩说很遗憾他和维姬是在遇到危机后，才被迫来讨论这些重要问题。维姬说，意识到他们的不同感受让她觉得自己与肖恩的关系比过去更亲密了。另一方面，肖恩觉得他需要空间来处理所发生的一切，这一切如此痛苦，唤醒了他那久远的、不开心的回忆，现在他要自己想清楚该怎么办。

婚外情这件事显然让他们原生家庭的很多事情浮出了水面。为了让他们更好地走下去，无论是在一起还是分开，婚外情暴露出来的那些和他们过去家庭经历有关的问题，需要引起一些关注。在某种程度上，他们需要回顾过去，才能更好地往前走。

明白你内心的渴望和失望可以帮助你筛选出哪些是过去的经历，哪些是现在发生的事情。当然，这本身就是一项任务，也是个体心理治疗会采取的一种方法——给人留出思考的空间（事实上，肖恩找到了他自己的治疗方法）。

这可能是一场危机事件，比如一场婚外情，但也可能不那么重要。当你或伴侣遇到这样一种情况时，其中一个人似乎对刚刚发生的事情感到非常生气或愤怒，而另一个人却无法理解事情为什么会这么严重，这种互动的场面可能就说明这种情绪源自更久远的过去。夫妻们告诉我，他们都有一件"行李"，里面装着他们所有过去经历的情感或失望。如果我们也用这个词，那么我想把"行李搬运"看作夫妻们需要一起来做的重要事情——他们不能离开对方的行李，但他们可以更小心地搬运，更认真地想一想里面装了什么。

> **反思时刻**
>
> ◆ 是什么吸引了你们彼此？
> ◆ 你们在婚姻中寻求什么？
> ◆ 如果感到失望，能想想为什么吗？为什么会有那些期望？

你妈妈快把我逼疯了

回到比娜和马可的案例。考虑到本章其余部分的想法，夫妻们不可避免地都会和彼此原生家庭的一些方面发生矛盾冲突（无论这些方面情形如何），我们也许现在就可以更好地来分析他们的争吵了。他们面临的困难就是要作为夫妻这样的一个整体来找到一种方式，处理由于马可母亲的到来而引起的问题，而不是觉得只需要由对方来解决问题。

在第一个例子中，他们似乎觉得找到解决办法是对方的责任。

比娜：我再也不会做了——我做什么都不对。她就是想批评我。

马可：别和她生气。她是出于好意！她只是想给我们做点儿吃的，并且关心孩子的健康【马可暗示比娜需要改变——不要生他妈妈的气】。

比娜：你必须要和她说一下。我需要你的支持。这件事让我神经紧张【比娜认为马可必须得支持她，把问题解决了】。

马可：我怎么能去说她呢？她从那么大老远来，我们应该让她感到受欢迎。批评她只会制造矛盾，适得其反。

比娜：你一贯如此——你总是站在她那一边，不是吗？

马可：嗯，因为她是我妈妈。我希望你可以理解。

比娜：但我要怎么办呢？

马可：你想，她只会再待两周，然后就恢复正常了。

比娜：但这也是我的家！而且我怀孕了，在我们的公寓里，我没办法避开她！你应该考虑考虑我和我的心理健康！

马可：你父母在这儿的时候呢？至少我妈妈真的很费心地在帮我们。

哎哟！他们的对话很恼火，而且在搞人身攻击了。

他们的问题代表了这一章其他地方讨论的很多问题。索菲娅的做事方式和马可与母亲说话的方式在某种程度上表明了他原生家庭做事的"方式"——无论是关于食物还是沟通。这些与比娜的想法相冲突——但现在这不仅仅是比娜的问题，也不仅仅是马可的问题，而是他们双方的问题。

如果比娜和马可都认为自己的立场是不能改变的，他们就很难冷静地解决这一争论。当涉及各自的家庭问题时，双方总会觉得有一种解决方法是"对的"，这就会使问题变得非常困难。如果马可从来没有反抗过他的母亲，或者如果在他的文化中不会发生这样的事情，无论是他的家庭内部文化还是更广泛的外部文化，那么在他看来，反抗母亲就会感觉"很不对"。又或者如果马可觉得反抗母亲没有错，至少他会感觉很难，或者很奇怪、很可怕。但是比娜觉得如果马可延续了他的家庭文化，那就是不尊重他们俩的关系（或她）。在这种情况下，出现了很激烈的家庭文化冲突。

怎么才能改变这种两极分化的局面呢？尝试着承认他们处境的必然复杂性，更关注对方的恐惧和担忧可能会是一个更有用的方法。这可以追溯到前一章中关于沟通的一些思考，重点要认可对方，努力试着去倾听对方为什么会这样想。

比娜：当她说我不应该吃薯片时，我就觉得是在批评我。她已经让我觉得自己是一个很糟糕的母亲了。

马可：很抱歉——我知道我告诉过你别在意，但很明显，这还是让你生气了【马可的认可】。

比娜：是的，这真的让我很生气，也可能是说到我的痛处了——也许我是个坏妈妈，也许我害怕这个？我觉得你只想着怎么去避免和她发生冲突，一点儿都不支持我。

马可：我只是不想小题大做。这真的不是我们家的相处方式——我们不争论。每个人都保持安静，一直都是这样。这就是我喜欢我们俩在一起的原因——我们可以彼此很诚实。我讨厌这种夹在你们中间的感觉。为了让你们俩都开心，我感到筋疲力尽。真的太累了【马可可以说出他的感受了】！

比娜：听你这样说让我感觉好多了。我知道这对你来说并不容易。我觉得你不需要让我们两个都开心——这是不可能的。我很清楚这一点。但现在不一样了，你不再仅仅是一个儿子了。你是我的丈夫，还是一个爸爸。同样地，我觉得我也应该明白你不仅仅是我的丈夫。

马可：我想我可以和她谈谈这件事，但我需要慎重，而且我需要你的支持。

比娜：当然。我不能保证不生气，但是你在努力解决问题，这对我来说很重要。

他们之间的对话越来越深入。不再是两个针锋相对的观点了（要么是"让你妈妈出去"，要么是"即使我现在有了自己的家庭，我与家人的关系也会保持不变"，这两个观点似乎都有潜在的不切实际的立场），取而代之的是，他们的想法有了更多的细微差别，这样就可以使对话更富有同情心了。例如，当马可承认自己因为无法与家人坦诚交流而感到不满时，比娜就会更理解他。

不断扩大的对话并不能消除这个问题，但是他们可以更加理解对方，从而能够找到双方一起解决问题的方法。在这种情况下，他们决定了马可要和他妈妈谈一谈。但我并不是说"对抗姻亲"必然是"正确"的结果，这取决于具体的家庭和家庭文化。解决问题可能并不意味着试图去改变这种状况，相反，它可能意味着帮助这对夫妻更好地理解彼此的家庭文化，通过一起面对非常困难的处境，使双方更加亲密，更加接受彼此。这是一个需要双方共同努力的过程。

不管将来会发生什么（无论会怎样），他们很可能都必须放弃他们自己坚持的那个答案，这很难做到。放弃是一种痛苦的选择，但如果有人知道这对你来说有多难，那就更容易做到。所以，如果比娜不再坚持认为婆婆与她的家庭无关，如果马可承认他妈妈的行为有时候会让比娜不舒服，这对比娜来说就轻松多了。如果马可不再坚持他永远不会跟他妈妈谈论她和他们家庭相处的方式，也不再坚持认为妈妈总是希望他永远只扮演一个儿子的角色（而不考虑他在新家庭中的新角色），如果比娜可以理解这对他来说有多困难，那将很有帮助。

通过这种更具协作性的思维方式，承认不同的恐惧和担忧，就有可能迸发出新的观点。如果比娜对马可和他的家人不那么充满敌意，她也许能享受到更多的来自马可母亲的照顾和关心，不把这看作对她的攻击，而是看作在她怀孕期间对她的帮助和支持。他们也可以让对方更了解自己内心的一些渴望。马可似乎因为无法与妈妈坦诚交流感到有些难过,这也是为什么在他和比娜的婚姻中,当他能够更畅通或更坦诚地说话时,可以感觉到一些解脱。

和你家人在一起时,你就好像变了一个人

虽然婆婆的问题经常被认为是关于夫妻矛盾的老掉牙的话题,但可能还有其他的家庭关系也会导致紧张气氛。也许曾经非常亲密的兄弟姐妹关系也会因为新的家庭出现而需要重新调整。比如,一个人如果每天都和她姐姐聊天或每个周末都会见面,她可能就会认为,即使她结婚了,也还应该这样。她觉得这种情况不会有变化,直到她的伴侣说"这需要改变"。这时候他们才会重新解决这个问题。

我经常听到有人抱怨:"和你家人在一起时,你就像变了一个人"。一个人很难看到伴侣承担的,自己没有那么在意的一些角色。正如马可的案例中有一些矛盾——作为他妈妈的儿子,他同时也是父亲,是丈夫,或者是别人志同道合的好朋友。所有的关系都需要重新调整。比娜一定要在马可的家庭环境中理解马可,而马可多半也必须重新调整与妈妈的关系,这样妈妈才能慢慢地明白他现在有了多重不同的身份。这些转变和重新调整可能会很痛苦,但如果夫妻双方可以相互容忍,共同解决问题(而不是认为这是对方的问题),他们的感情就会变得更好。

照顾的责任

夫妻之间与彼此家庭另一个现实的矛盾可能会是照顾家庭成员

的责任，通常是照顾父母。无论是现实问题还是情感上，承担更多的关爱角色对一对夫妻来说都是一项艰巨的任务。更年轻一点儿的夫妻（经常都有照顾自己孩子的责任）会感受到来自双方家庭的压力。承认这种照顾的角色可能对他们关系产生的影响，可以帮助夫妻保持亲密感和相互关联。

拉斯纳（Rasna）真的有点儿为难。最近哈里（Hari）越来越多地去照顾他的父母。搬到更合适的住处会有一大堆事情，这会占用哈里的时间和精力。拉斯纳觉得她一个人照顾孩子忙都忙不过来，但考虑到这是哈里的家人，所以她是完全支持哈里去照顾他们的，她几乎无法把这件事作为一个问题提出来。然而，有一天晚上，她对哈里大发雷霆，觉得这对她来说很困难，而且哈里没有更多地为她考虑。

这时候对话容易变得很抵触：

哈　　里：你真的还要给我施加更多压力吗？这会儿想起我来了？你几乎都不理我。
拉斯纳：那是因为我太忙了。

但对话完全可以是另外一种方式，可以成为彼此分享一些痛苦的机会。

哈　　里：对不起，这对我们来说太难了。
拉斯纳：我知道现在没什么办法，只是觉得有点儿孤单。
哈　　里：我知道，我也是。
拉斯纳：我只是觉得我们现在需要更加努力保持联系。

他们没什么办法来改变这种状况，但互相倾诉孤独意味着他们可以试着调整，即使这并不容易。这种"共享的难过"可以让他们觉得有更多的勇气，支撑他们共同渡过难关。

我的前任快把我们逼疯了

家庭生活中引起冲突和痛苦的另一个方面与以前的恋情有关，无论是前伴侣还是孩子。

安伯（Amber）和格雷格（Greg）的婚外情结束了他们各自的婚姻。无论他们的新婚姻让他们多么兴奋，还是会有很多麻烦和痛苦。安伯有两个年幼的孩子和她住在一起，格雷格有两个十几岁的孩子，每隔一个周末会到他这里来。出于对孩子的责任，他们决定暂时不住在一起，但有时候，周末他们会和所有的孩子一起度过。

最近，格雷格的一个孩子给安伯的一个孩子看了一些网络上的东西，安伯觉得少儿不宜，他们为此大吵了一架。安伯早就发现这件事了，因为她的前夫已经告诉她了，而且非常生气。安伯开始对他们新关系的复杂性感到不知所措，所以他们来寻求帮助。

显然，安伯和格雷格有很多问题需要解决。有痛苦的现实，有强烈的情感，不仅仅是他们自己的，还有他们的孩子和他们的前任的情感。这种强烈的情感往往以针对彼此而结束：安伯担心离婚会影响自己的孩子以及自己与格雷格的孩子的相处，但这种担心到最后经常都会变成愤怒地针对格雷格；而格雷格的焦虑似乎最终往往也会针对安伯——"要是你不让我这么为难就好了"。

这段关系比他们想象的要难。有很多事情需要处理，他们决定暂时分开一下（包括暂停治疗），认真专注地考虑一下他们自己的感情。他们通过心理治疗来一起思考，因为双方都结束了各自之前的婚姻，所以彼此都需要先给自己留出一些伤心和平复的时间，然后再来面对另一个复杂情况，这对所有人都有帮助，包括他们的孩子。现在还不是很清楚暂时分开对他们的关系意味着什么（我没有发现他们之间后来发生了什么，这在我的工作中很常见），但他们都觉得这会有帮助。

他们的例子表明夫妻之间寻找一种方式来容纳彼此以前的关系是很困难的，特别是各自都有孩子的情况下，就像原生家庭的情形一样，需要伴侣双方共同协商，而不是个人自己解决。

家庭和洗碗

阿什利没有按照艾薇想要的方式洗碗，他们为此争论不休，如果透过他们的家庭背景来看，我们可以了解什么呢？我可能会问这样的问题：

- 他们带来了什么样的家庭态度和做事方式？
- 他们的父母曾经是怎么沟通做家务的？这对他们有什么影响？
- 根据他们的家庭经历，这个问题是否让他们想起了一些不愉快的往事？比如阿什利会不会觉得他爱唠叨的妈妈又回来了？艾薇是不是很在意没人听她说话或者考虑她的感受？

让我们想象一下，如果艾薇的家庭成员对如何洗碗也有看法，会是什么样的情景。艾薇和阿什利又会如何应对？他们能否进行一次有益的谈话，来解决有家人牵涉其中时产生的矛盾呢？

小结

当我与一对夫妻交谈时,我总是会问他们能否描述一下对于他们成长的家庭以及家庭气氛的感受。人们的回答通常会让我觉得好像我唯一感兴趣的就是他们是否遇到过创伤或困难——"我的童年很好,没有什么可说的。"其实无论是否有创伤,总有一些事情是可以说的。我很好奇他们的家庭氛围,家人做事的方式,谈论(或不谈论)事情的方式,解决(或不解决)事情的方式,家人之间的关系是什么样的,他们对事情的态度是什么。因为所有这些最终都将成为夫妻在他们自己与伴侣的关系中必须要处理的混杂东西的一部分。思考夫妻带入他们新关系中的文化的不同方面,无论是来自他们家庭,还是来自他们家庭所属的更广泛的文化,都有助于夫妻真正更好地理解彼此。

由于这些差异爆发出问题时(即使是关于怎么洗碗的不同态度),双方就有机会互相了解(包括了解你们自己)。作为关系的一部分,也许是你们自己家庭的开始,当熟悉了彼此方方面面的差异后,如果你们还能够顺利克服这一切,那么旧的伤痛也许是可以修复的,也可以更全面详细地了解彼此。当然也有可能营造一种新型的关系,可以融合双方的家庭影响,留取双方都接受的部分,并花时间识别那些不需要的。

当涉及每个人更大的家庭时,牢记上述这一切可能会有所帮助。我们对事情都有不同的想法。我们现在以某种方式与对方的家庭成员联系在一起,但我们并没有和他们一起长大。处理好这一点不可避免地会很困难,你不能指望伴侣能感受到你家庭的种种方式,你可能需要在中间牵线搭桥。这座桥有不同的作用:它可以帮助你建立一条了解对方家庭的路径;也可以重新界定你们和你们各自家庭之间的界限;重要的是你们要一起解决这些问题,而不能总想着这只是对方的问题。

在该领域行之有效的若干建议

- 要明白这可能是一个非常敏感的话题。你可能会发现你抱怨自己的家庭很容易,但要是听到伴侣抱怨你的家庭,就会觉得是在针对你,从而很生气。
- 花点儿时间了解一下彼此的家庭,保持包容开放的心态,这样,你就不会认为只有你的家庭方式才是"正确的"。
- 一起解决问题。是让伴侣自己解决与你家人之间的问题,还是告诉他"解决了"可能也没什么用?即使你和你的家庭之间没有伴侣遇到的那些问题,你仍然需要帮他寻找更好地处理问题的方法,如果你逃避一起努力,那么也许就很有必要问一问:这是否也是你们家庭面临的一个矛盾。
- 当涉及彼此的家庭时,要清楚地知道你们双方都期望的界限。
- 不要试图逃避这些问题或假装它们不存在——它们可能正要发生。不去回避它们,就可以提早发现那些潜在的困难,打个比方,如果你知道你自己或你的伴侣头疼家庭聚会,就试着在聚会之前而不是之后来考虑这些问题,聚会当天也要想着如何相互支持配合,或许有时可以抽出点儿时间关注一下对方的情况。

3

角色（你从来不倒垃圾）

　　对于夫妻来说，倒垃圾是仅次于洗碗的另一个热门话题。什么时候需要换垃圾袋，谁去把它拿出来（谁得记得哪一天去倒），大家的想法都会不同。无论是谁做了这些，应该得到多少感谢，这些问题对于现实生活中的倒垃圾本身来说都很重要。在更深的层面上，这些问题意味着双方需要通过协商来确定哪些事情需要做，由谁来做，以及你们双方对婚姻中必须做的事情的感受和想法。你们中的一方是否必须比另一方处理更多的"垃圾"？在这两种情况下，无论是真实的还是象征性的，如果这些问题得不到处理或重视，就会出现各种情况。我们对必须做的事情有争议，是因为做完所有这些事情是很辛苦的，并且还非常有可能出现不满或失望。

　　当夫妻们因为正在做的事情相互争吵或迁怒于彼此时，其实是在表达他们的不满或失望。这些是"我们需要的争吵"，因为没有哪一对夫妻能够轻易地不用商量，一切就可以迎刃而解，有些事是很困难的，尤其是当他们有了孩子后，待办事项会变得越来越多、越来越难，睡眠也会减少（在第六章中有更多关于这个主题，特别是关于孩子的内容）。这就意味着夫妻要一起努力来承担这些工作，但这里可没有人力资源部门来帮你衡量这个任务是否可行以及每个人的感受。因此，夫妻需要自己来解决这个问题。在这方面，金钱只能加剧烦恼，加重怨恨。

我做的比你多（第一部分）

"我做的比你多"这种感受是会让人对伴侣生气的一个核心问题——因为每次记得倒垃圾的是自己，辅导孩子完成作业的是自己，为家庭赚钱养家的也是自己，而作为伴侣的另外一方又做了什么呢？当夫妻的任何一方有这种感受的时候，感觉为家庭付出多的一方的内心就会涌起没有被理解的委屈。这种矛盾之所以通常会出现在家庭环境中，是因为家庭环境中的一些事情需要两个人分担。

一个星期六的早晨，莱拉（Leyla）在打扫卫生，吸尘器的声音很大，她得边吸边把东西挪开，还得告诉孩子，她现在不能和他一起玩儿，因为自己得打扫卫生。她告诉孩子们去整理自己的房间。她的伴侣安迪（Andy）一直在手机上看新闻，觉得吸尘器的声音特别大；这哪里是在吸灰尘，简直是在很生气地吸灰尘。安迪继续看新闻，没有去管噪音，直到莱拉正好走到他坐的地方，他透过噪音问莱拉："你到底怎么了？！"

莱拉：你看不到屋子里这么乱吗？

安迪：没有啊，我觉得还可以，而且我认为一个轻松的早晨比担心这些乱七八糟更重要。我待会儿会收拾的。

莱拉怒气冲冲地继续工作。事实证明，愤怒地摆弄吸尘器非常有效，她对此感到很满意。她走进厨房，收拾了一下早餐的盘子，丁零当啷地把它们放进了洗碗机，然后她又很用力地把垃圾袋从垃圾桶里拉出来。

安迪（从他坐的地方喊道）： 我待会儿可以来做！
莱拉： 但现在就需要做！

安迪不觉得这些事现在就需要做，他觉得如果莱拉选择在周六早上大发雷霆地打扫卫生，那就是她的问题。他工作了一周，已经很辛苦了，现在坐在沙发上休息一个小时毫无疑问是合理的。

莱拉一整天都在生安迪的气，而且后来，只要看到屋子里有乱七八糟的东西，她就会更生气。安迪很苦恼家里的气氛，认为莱拉有点儿过分了。虽然没有大声说什么，但他们之间很冷淡。

这里的争吵是关于"谁来做什么"。莱拉很生气，她比安迪辛苦得多。但安迪却认为这些事儿不用做。双方的不同意见实际上是在界定各自需要做什么。他们俩都很清楚自己需要做什么，莱拉认为房子需要打扫，垃圾箱需要清空，安迪认为不需要（或者至少现在还不需要）。

他们对这种紧张气氛无能为力，这随时都有可能发生（还可能非常频繁）。事实上，他们很熟悉这种沟通方式——他们从小就都看到了父母的这种争吵。他们双方也许都觉得可以用这种方式来处理自己的家庭责任，导致每个周末都会有这些不愉快。他们的孩子已经习惯了父母之间的这种互动，并知道"妈妈会抱怨爸爸没有做足够的家务"。

只要想用吵架去证明谁是对的，他们在这个问题上的交流方式就不会有太大改变。思考一下实际可能会发生的事情也许更现实。他们对整洁的感受不可能一样。这让我想起了一个朋友苏西（Susie）告诉我的她和伴侣的一次对话：

我的朋友苏西：我受够了跟在每个人屁股后面收拾。
她的伴侣戴夫（Dave）：但你喜欢收拾啊！
我的朋友苏西：我不喜欢收拾；我喜欢整洁！

我们对于整洁和杂乱的接受程度都不相同。有些人比其他人更能忍受，显然，莱拉比安迪更爱整洁。对有些人来说，丢在地板上或放在水槽里的东西就意味着脏乱，而对另一些人来说则完全没有问题。我们中的一些人可以让垃圾桶满到不能再满了；而另一些人觉得，满到三分之二时，就需要把垃圾袋拿出来。实际上，大家的方式都会各有不同。因此，如果一对夫妻能够明白，他们中的一方可能根本没有另一方那样可以容忍杂乱，就可以放弃在这个问题上去争个"对错"了。

对莱拉来说，承认这一点可能很痛苦，不仅因为安迪，也和她自己有关；事实是"我做的比你多，因为它对我来说更重要"。如果她一直执着地期盼安迪忍受杂乱（或其他任何事情）的程度和她一样，她可能会永远失望下去。

而安迪这边，痛苦的现实是这个问题不会消失，房子是否凌乱很明显对他来说似乎没有多大关系，对莱拉来说却很重要。如果他想让莱拉和自己感受相同，同样也会失望的。他可能也不得不放弃一些自己的想法来结束这种争吵。

当我们发现伴侣比我们更在意（或更不在意）一些事情时，我们会感到很沮丧，因为这意味着他们对牵涉其中的事物有不同想法。争执是试图向伴侣表明我们非常在意某事，而且想让他们像我们一样在意，像我们一样努力去做。但是，努力与某人共享空间也可能还意味着必须要接受痛苦的现实，那就是无论什么事情，他们根本不会像我们那样在意（或不在意）。通过对话去了解对方，会有助于更赞同或者接受这些事实。

例如，安迪也许可以问莱拉"为什么整洁对你来说这么重要呢？"，而不是说"你太在意整洁了"。同样地，莱拉也可以想一想"我这么在乎整洁会对你有什么影响？"当他们能更好地理解这些事情时，就不需要愤怒地表达自己的想法了，也许还可以更好地从对方那里获得帮助。

如果我们认为他们有可能只是在争论"哪些事情需要做"，也许就会有更多的协商空间。比如，莱拉可能会发现，如果她不再坚持认为需要做的事情是"此刻就得把所有东西收拾整齐"，而将其改为"周末找个时候把所有东西都收拾整齐"，她可能就会有更现实的机会获得帮助。

这个例子似乎有点儿性别定势，男人安迪就不像他的女性伴侣那样在意杂乱。的确，我在我的咨询室里听到过很多女性抱怨她们的男性伴侣没有尽到家庭职责。但是，我也听到了另一方的抱怨，在许多夫妻中，男人要求他的女性伴侣更整洁一些（在这里向我耐心的丈夫大声说一下）。在我看来，这是每个人对某件事的内在看法，以及在什么程度上他们可以放弃一部分想法以便更好地包容对方。这当然适用于家务活儿以外的主题，但因为家庭生活是双方的共同经历，所以在这个范围内经常会有矛盾和冲突。解决这些问题很可能要求双方都得放弃一些他们个人的想法，比如怎么来经营这个家，家里看起来怎样，或者有多少事情需要参与其中（这非常好地代表了婚姻关系中的普遍问题）。

> **反思时刻**
> - 你对于生活空间的凌乱、整洁或干净是什么标准？
> - 你伴侣的标准是什么？
> - 你认为双方为什么会有这样的想法？
> - 你们在家务事上是如何进行沟通的？
> - 这种沟通方式有效吗？
> - 你觉得你们之间家务的分担情况怎么样？你们清楚谁负责什么吗？

我做的比你多（第二部分——我真的做了）

你可能会说"我们必须得接受彼此关于需要做什么的不同想法，这样一切都会很好，但事实上，我真的认为我做的比我要承担的很多事情还多，如果我不去倒垃圾，不去赚钱或者（插入任何你觉得你做的更多的事情），那么没有人会去做。"有时我看到夫妻中的一方在这种处境中感到不知所措，觉得很孤独、负担过重，得不到伴侣的帮助。有时，接受夫妻治疗是他们的最后一招儿了，得让伴侣知道这种情况是多么不公平。

弗兰克（Frank）和辛佳（Cinzia）很苦恼。他们都在餐厅工作，轮班时间长，经常要在不同的时间工作，所以这就会特别困难。弗兰克已经安排了他们俩来接受治疗。弗兰克说他正处于危机中。他抱怨说，虽然他们两人的工作时长差不多，但自己还得打理好房子、购物、管理账单、喂猫。如果他们有一个共同的休息日，辛佳就会睡懒觉，而弗兰克会起来做家务。弗兰克觉得这太气人了。他告诉辛佳自己正在考虑结束这段关系，因为他觉得自己什么也得不到，只有付出。

我只见过他们几次，但过程都是相似的。弗兰克会因为不公平的劳动分工对辛佳非常生气，而辛佳拒绝与他交谈，说弗兰克的话很冷酷，不公平，事情不完全是这样的。他们与我的交谈气氛非常紧张，在几次会面后，弗兰克给我发邮件说决定不再继续治疗，因为他们已经决定要分开了。我并不感到惊讶，他说这些交谈对他们没有帮助。

我真的没有机会了解他们之间发生了什么。很明显，他们工作所处的外部环境压力很大。他们似乎缺少一个机会，在彼此存有戒心，这么抵触之前，就这个问题进行任何积极有益的沟通。夫妻治疗也许能试图让这种对话更有成效，但对他们来说似乎已经不可能了。

他们的困难可能是多方面的，但可以积极有益地谈论对于婚姻中各自承担的事情的感受，对他们来说是至关重要的。我指的是一种空间，在这种空间里，他们可以承认自己对彼此角色的感受，并思考这些角色对他们关系的影响。我认为这对他们而言是必要的人力资源职能。正如员工以合同而开始工作，随着时间的推移，他们可以有机会（至少你希望他们有，在一个管理良好的组织中）来重新考虑他们的工作量，可以表达他们对工作的任何担忧、希望或困难，或者可以重新商谈他们的合同，在一段婚姻中，重要的是找到方法来思考两个人之间的"合同"是什么——怎么解决谁来做什么的问题——并持续回顾"劳动力"共享的方式。

在婚姻中创建这种"人力资源职能"与第一章中关于沟通的想法有关。可能需要一次对话来讲清楚并重新考虑谁来做什么。有些人觉得自己的工作量很大，但其他人甚至都看不到，因为这些工作不太可量化①，没有那么明显，或者也没有带来收入。有时你可能想自己来做这些事情，希望伴侣不要参与其中。这也许意味着你有足够的空间来谈谈你觉得自己承担了很重的责任，或者谈谈你羡慕对方的不同处境。你们也许可以说出各自不同的目标和愿望，并一起思考这些对你们关系的影响。非常典型的一种情境就是，一个人工作非常投入，不分昼夜一直在工作。这可能是对双方都有效的一种格局，让他们彼此之间保持需要的距离；但这可能会造成联系的缺失并危及双方的关系。能够共同思考这对他们来说意味着什么，并找到一种方法来面对和解决它带来的困难，这对保持双方的互通有无至关重要。

当莱拉和安迪像我们之前看到的那样因为家务事吵架时，我们可能会想，这是否是一个预警信号，表明进行这种人力资源类型的对话会有所帮助。当他们从愤怒情绪中冷静下来后，如果可以重新考虑这个问题，可能就有机会了解彼此的一些重要信息。

安迪：看起来你昨天对家务活儿真的很生气，你还好吗？只是因为屋子很乱还是有更多的其他问题？

莱拉：其实，我很不开心。我受够了一直不停地收拾屋子，工作和家庭让我疲惫不堪。我很羡慕你可以不用像我一样想那么多，因为你是全职工作。我还觉得你不收拾你自己的东西就是不尊重我。

这段对话可能会像往常一样有在比较的感觉。安迪可能会觉得自己也需要说出自己所做的一切："我并不是什么都不做"。这可能会让双

---

① 我后面会单独讲一下这些不太可量化的工作。

方都不满意，都觉得自己的工作没有得到对方的认可。

或者，如果安迪能够努力接受这句话，而不觉得是在指责他（莱拉可以谈论一下自己的感受，而不是说安迪有多可怕），安迪就可以很好地进一步了解为什么莱拉会有这种感受。

安迪： 哇，好吧，我要好好考虑一下这件事情。

莱拉可能也需要了解安迪的一些经历。

莱拉： 你呢？一切都好吗？
安迪： 事实上，我周末回家的时候已经筋疲力尽了，我知道你不高兴，但那时候我实在是没有精力了，整个星期都有人要求我做这做那。这并不是针对你的；我真的需要给自己充电。如果我能安静地休息一会儿，我的态度可能会好得多。

在这种情况下，他们的争论可以帮助他们了解和说清楚那些需要说出来的，对不同角色的重要感受。莱拉终于能够意识到自己有点儿不知所措，甚至觉得没有人关心她，这不仅仅是因为屋子里的杂乱。安迪的反应也透露出了他更脆弱的一些情感（当他很抵触地去吵架时，这些情感并不那么明显），这会让莱拉更清楚怎么才可以更好地让安迪帮忙来做家务。

> **反思时刻**
>
> ◆ 你怎么看待你们之间的劳动分工？
> ◆ 你们能更深层地讨论你们承担的不同家庭角色吗？
> ◆ 对你所承担的家庭角色，你想获得更多的认可吗？
> ◆ 你认可伴侣做的事情吗？

来自"谁来做什么"的压力

有时，婚姻中谁来做什么的"契约"必须得改变，这会产生压力和矛盾。有些矛盾也许之前并不存在，这可能就说明"谁来做什么"的问题需要解决了。

这对很多处于疫情封控期的夫妻来说都是一个问题，也包括我，因为我和丈夫协商，要在居家办公、居家教育和让一切维持顺利运作的鸡飞狗跳中为这本书留出写作时间。封控会让一些家庭很紧急地处理更多的事情——有些人需要承担更多的家庭职责和教育孩子的责任，有些人会面对某些极其重要的工作或照顾的巨大压力。我参加了一个封控期间的项目，旨在鼓励夫妻们渡过难关，封控期间的压力显然会让双方产生怨恨，一个人会觉得自己比对方做的事情更多，或者觉得对方现在可以分担那些过去自然而然是他们自己的事情。在这一点上，夫妻需要快速灵活地思考，并划分需要做的事情。虽然这很严肃紧张而且非同寻常，但在我看来，这象征着处理劳动分工问题所需的灵活性和合作精神。当夫妻们能够重新考虑彼此的情况时，不仅可以确定谁来做什么，还可以认可、理解和感谢伴侣正在做的事情，这就消除了问题的影响，会让他们觉得无论多么困难，他们都会一起努力。

封控是一种非常特殊的情况，但生活总会给双方之前协商好的东西带来许多潜在的变化，需要重新考虑。可能是暂时的一段变化（比如一个人不在，或者这段时间工作特别繁忙），又或者时间可能会长一些（比如生病了，换了工作，或者有了更多的关怀和照顾责任）。无论什么情况，改变和重新调整家庭责任分工都很容易产生矛盾和冲突，需要关注彼此因为这些改变而产生的感受。当有了孩子后，显然更需要重新分配一下家庭分工，更多的相关内容会在第 6 章讨论。

你只是不把我当回事儿

我经常遇到一些夫妻，多年来，他们对自己在婚姻中所承担的责任和分工产生了怨恨，这种怨恨已经侵蚀了这段关系，有时甚至到了结束这段关系的地步。每天的事情都会累积起来。每天做家务而得不到认可，承担了赚钱养家的责任而不被理解，总是费心费力去安排、规划却从来不会有人过问，所有的这一切，人们或许暂时可以接受，但时间长了也会产生怨恨，阻碍夫妻彼此相爱。

露丝（我们在第 1 章谈到过她）谈到了她在传统家庭模式中的感受，她的丈夫雷外出工作，她和孩子们待在家里。她觉得自己作为家庭主妇来操持这个家一直被认为是理所当然的。露丝觉得她和雷从来没有表达过对彼此角色的理解和感谢。她说："我觉得我们那一代人就是这样。我们做好了传统身份要求我们的一切，也觉得没有必要去评头论足。直到现在我长大了，才意识到我渴望得到更多的理解。我们从来没有过这种对话。"

这似乎需要的是对我们所做的事情的认可。并不是说你要让伴侣来干你干的活儿，而是你想因为干了这些活儿而得到认可。即使有铁的规定你的伴侣每周一必须倒垃圾，而且你们已经进行了非常明确的协商，不需要每周再来重新商量，这也并不意味着你永远不需要把这当回事儿。当我看到夫妻之间分工合作进展顺利时，会觉得其实这不仅是表面上的顺利进展，还因为他们之间一直有一种对彼此的理解和感谢，即使涉及那些难以量化的事情。

你为什么想让我来做那件事？

露丝提到了她的成长文化，以及成长文化对她在婚姻中所做事情的影响。我们带入婚姻中的关于谁来做什么的所有混杂想法，都来自我们的成长文化，无论是我们的家庭文化还是更广泛的文化。关于家庭的劳动分工，以及如何协商这些事（或不协商），我工作中遇到的许多夫妻处理方式与他们的父母不同。没有了更传统的模板和标准来参照，可能性就会更多，也就更需要对话和协商。这太容易引发各种各样的争吵了，因为不同的家庭界定劳动分工的方式都是不同的。我经常看到的问题是，夫妻们认为已经分配好的活儿与实际情况之间存在差异。第一次封控期后的一项很显著的研究表明，在夫妻中，女性往往比男性做更多的保育和家务活儿，即使她们都是全职工作。但研究并未说明女性对此有何感受，但我想我能猜得到。当夫妻中的一方觉得自己正在做一件事，但同时又得去做其他根本就不愿意做的事情时，就真的会加剧矛盾和冲突。正如我的一位朋友对我说的那样——"如果我们不再继续谈论怎么样才能和父母的方式不同，那么我们就会回到他们的方式，但会怀着更大的怨恨"。这再次表明，的确需要了解夫妻双方对他们在婚姻中所承担的事情（或他们觉得对方没有做的事情）的感受。这样做就有了进行调整的可能性，或者可以更好地理解和接受分工的方式。

我们成长过程中的这些模板和标准会以其他方式发挥作用。泰（Ty）和金（Kim）在双方的责任问题上处理得很糟糕，常常让人感觉到他们在比谁的日子更艰难，无论是工作、照顾孩子还是家务。这种情况正在侵蚀他们对彼此的好感。

听他们讲述各自的成长背景，或多或少会让我们明白一些他们的强烈情绪。泰觉得自己一直负责照顾别人。在他13岁的时候，他的父母在激烈的争吵中离了婚，他们向泰求助，希望他可以照顾他的妹妹和离婚后的他们。泰强烈地感觉到大家期待他成为家里的顶梁柱来帮助妈妈。金的成长过程中也是责任重重，她比她的两个双胞胎妹妹大8岁，一直要帮忙照顾她们。在有孩子之前，泰和金之间的相处是相对独立和自由的，但现在，家庭生活的现实却触及了他们可能在儿时就有过的对于过重负担的焦虑。为了处理目前的困境和懊恼，首先得理解这对他们俩来说都是一个敏感的问题。

钱的问题

家庭任务的分工问题往往与希望被重视有关，围绕金钱会滋生出各种各样的争吵一点儿也不奇怪。我当离婚律师的时候，经常会听到人们抱怨他们很烦心，觉得离婚时有权得到比伴侣更多的钱，因为钱是他们挣的或他们挣得更多一些（谢天谢地，法律通常不会同意这种想法）。它暴露出一段婚姻中的角色对所处其中的人来说价值不同。

如果经济状况不好，这方面的问题就会更麻烦，夫妻们除了生存之外可能很难再去考虑其他更多的事情了。这种情况下的压力和担忧会主导和加剧很多矛盾。但即使不用为柴米油盐发愁，钱的问题也可能会成为冲突的根源，常常会因为谁在婚姻中负责什么而使这个问题加剧。

玛丽（Marie）和苏尼尔（Sunil）二十多岁了，他们已经在一起大概一年半了。苏尼尔建议玛丽搬来和他一起住，因为玛丽的公寓租约到期了，而苏尼尔的室友最近也正好搬走了。他们都很兴奋地期待迈出下一步。他们简单地聊了聊玛丽要不要出一半的房租，最后商定不需要，除非她的收入增加了。事情就这样一直很顺利，直到有一天他们因为钱的问题发生了争执。其实都是因为一些小事——他们出去喝咖啡的时候，玛丽没有带钱包，而苏尼尔付钱后就变得沉默和闷闷不乐。回家后，玛丽问他怎么了，结果发现苏尼尔觉得自己总是那个得去想着钱的人，而玛丽好像一直都心不在焉。苏尼尔觉得好像总是他在付钱。玛丽觉得很震惊，她就是忘了带钱包而已，苏尼尔就能得出这种结论。但后来一切都清楚了——苏尼尔感到紧张是因为他比玛丽承担了更多的经济责任，是时候认真考虑他们的关系了。玛丽说她做梦都不会想去占苏尼尔的便宜，但她觉得谈钱真的是一个比较困难的话题——在她家很少会谈论这些事情，而且如果要依靠苏尼尔才能买单的话她也会很不舒服。

钱的问题似乎是这对夫妻因为不同责任而需要面对的一场争吵。一件很小的咖啡事件提醒了他们需要关注更深层次的问题，不光是谁来买单，还有在这一点上他们彼此之间的相互信任和依赖。它还表明了对金钱的不同态度，比如，玛丽可能觉得不是很容易去讨论这个话题。对于金钱，每个人都有自己独特的感受和一些经历，都会影响他们对金钱的态度，他们的希望或期望，没钱或有钱会有什么样的担心，平时花钱的方式或者他们对债务增加的感受和反应会如何等。夫妻在这些问题上发生的各种冲突，可以让彼此在这一重要领域相互了解对方的不同想法，这也许很难，但却是不可避免的。

在上述案例中，事实是苏尼尔可以负担玛丽无法负担的东西，他们的争吵也是自己内心与这一现实的一种抗争。对于许多夫妻来说，他们都得面对这样一个现实，即一方有赚钱的能力，而另一方没有。因为得买单，所以他们可能会觉得自己被困在了一个不一定是自己愿意的，但又没的选择的位置上。当夫妻出现这类问题的时候，他们之间可以宣泄对这种情况的失望和懊恼，而不是作为禁区来避免，这样做对他们似乎有所帮助。

一个人赚的钱比另一个人多这种现象可能会引发双方关于能力的各种争吵，这当中的任何问题也同样值得关注。例如，如果玛丽觉得总是苏尼尔在付钱，她会不会觉得自己在婚姻中的发言权会减少？如果她自己不说出来，别人又怎么能知道呢？苏尼尔对此有何感想？经济上依赖别人会对双方关系有什么影响？当财务状况发生变化时，这些问题往往会引起他们的注意。例如，当一对夫妻有了孩子，其中一人为了照顾孩子而减少工作时，他/她可能会真正感受到对伴侣的依赖。在恋爱或婚姻中留出一些空间来思考这一点是非常重要的。

反思时刻

- 你愿意谈论钱吗？
- 你家里是怎么谈论钱的？
- 在你的成长过程中，对金钱有过特殊的家庭观念或担忧吗？
- 你们中的一个赚得比另一个多吗？如果是，这对你意味着什么？

你为什么非得这么担心 / 为什么我就得保证我们按时到达机场呢？

我已经谈到了夫妻们在婚姻中的角色以及承担的任务，无论是关于家务活儿、财政问题还是出去挣钱。但还有一些其他的更微妙的角色，夫妻可能在最终分手时都没有意识到。例如，一些夫妻发现他们中的一方总是很担心，而另一方会更放松。或者一个是计划者，而另一个则倾向于怎么样都行。有时，夫妻们必须在感情中扮演成年人的角色。一天结束时，必须得有个人说"我们现在要走了"，或者得有人说"我们买不起"。一方可能觉得自己是"问题化解者"，而另一方则更脆弱。你们中的一个人可能正在读这本书，而且觉得自己真的在思考双方的关系或与家庭的关系，而你的伴侣却没有。有时，在分居或丧亲之后，夫妻们会重新讨论对这些不同角色和分工的感受，在这种情况下，需要有人重新扮演或提升他们的伴侣曾经扮演的角色。

使用上述这些方法，夫妻们在不同方面的责任感或能力会相辅相成，相互补充，可能会成为伴侣吸引我们的一部分原因。夫妻很容易会让这些东西慢慢地在他们之间蔓延开来——有时甚至没有意识到他们正在这样做。随着时间的推移，一些夫妻发现了一种平衡——一种维持在他们之间的现状，双方都不会觉得有问题。

但正如人们对"我做了太多（家务）（照顾孩子）（赚钱）"的感觉一样，也可能会有同样的"我承担了太多（担心）（计划）（组织）（负责娱乐活动）"或"为什么我就得保证我们按时到达机场"的感觉。因为这些角色不太具体、不太明显、更难量化，所以就很难注意到或谈论它们。

萨姆（Sam）和瓦斯（Vaz）就是一个典型的例子（这里面也牵扯到了钱的问题）。当萨姆发现瓦斯为他们俩在一家酒店预订了一晚的住宿时非常生气。瓦斯不敢相信萨姆会有如此糟糕的反应。

瓦斯：我做什么都不对！我想做一些让大家愉快的事情，但你仍然不在乎我！

萨姆：嗯，你从来不考虑成本，对吧？你知道我们负担不起，而且谁来照顾孩子呢？

瓦斯：我只是觉得我们需要放松一下！你真无聊，为什么你再也不给大家找乐子了呢？

萨姆：我不想成为一个对所有乐趣都说不的人。我并不是不想找乐子，但这真的很奢侈，因为目前我们还没有找到保姆。

他们之间的冲突表露出一些很重要的事情——他们觉得自己遇到了不同的困难，因此很难朝一个方向共同努力做出决定。萨姆觉得他必须要做那个扫兴的人，因为他得考虑钱的问题，而瓦斯似乎已经走到了另一头，感觉只有她在乎乐趣和一时兴起。

这一争吵如同一盏警示灯，提醒他们不同的角色需要考虑什么，也让他们有机会来努力改善这种情况。

萨姆：你知道，我真的也考虑过找点儿乐子放松一下。但在大事上我不信任你。

萨姆为了打破僵局，必须以一种安全的方式建立信任。瓦斯也需要尽力理解萨姆这样说的原因。

瓦斯：我怎么做才能让你放心呢？

萨姆：我也不知道。我只是觉得你没考虑到事情的一些重要方面，你只是把问题留给了我。

瓦斯：嗯，是的，我觉得可能是这样，但你的确会处理得更好！

萨姆：但这些事我实在是操够了心了。

  瓦斯承认了她这次是自作主张，因为她知道一直都是萨姆负责考虑"事情的一些重要方面"。如果这场争吵能让双方都愿意去改变一种一方已经厌烦的互动方式，也许就会有所帮助。

  如果你们中的一个人觉得犯愁了，不知道该怎么办，改变这种状况首先需要搞清楚发生了什么，双方都需要做出一点儿转变。你们中的一个可能必须得放弃那个舒适安逸的角色，而另一个可能要进入一个之前没有体验过的角色。找到一种方式来相互交流角色转换的困难会有所帮助。

萨姆：我真的很难放心你。这不是一下就能做到的。比方说，如果我们能多谈谈钱的问题可能会好一些，这样你就会理解我们的境况。

瓦斯：我一般都会回避这些对话，因为我担心达不到你的要求，你会责备我。如果你能耐心一点儿，我完全愿意尝试。

  这时，瓦斯表现出了想去关心一下家里财政问题的愿望，这一转变意味着萨姆要移交一些责任。双方都得发挥作用，萨姆必须敢于让瓦斯承担责任，可能需要付出一些耐心和担心，因为瓦斯得"慢慢才能跟上来"。

这种情况经常发生。你可能会发现，在婚姻中，那个看起来更焦虑或更担心的人其实是承担了两个人的角色。有时，伴侣会扮演我们不太喜欢的角色，或扮演我们觉得自己不能胜任的角色。有时，我们会扮演觉得熟悉或重要的角色。如果习惯了某种角色，或者慢慢觉得其他人没法替我们去担心，那我们自己可能最终就会成为那个去操心或者承担责任的人。

同时，当与不同的人或者与比我们更胜任一些事情的人在一起时，可以学到很多东西。这就是夫妻帮助彼此走出舒适区的方法。

这倒让我想到了跷跷板。当夫妻们被困在自己的特定角色里而感到沮丧时，可能看起来就像一个跷跷板，如果双方都卡住不动的话，就会停下来。要想让它再次动起来，双方都必须做出一点儿改变，其中一个人可能需要多动一下或者加大力度。就像萨姆和瓦斯那样，萨姆必须后退，瓦斯则要前进。

有时，角色的转换是不可能的；有时，可能你们中的一个很想做出改变，而另一个则不然。这是一个转折点，或许那些不可能会带来一些痛苦和麻烦。比如，如果萨姆愿意给予瓦斯更多的信任，但后来又一次次地失望，他就需要弄清楚这对他自己来说有多重要。或者，如果你们中的一方总是必须负责准时到达目的地，也许这是一种在婚姻中不受欢迎但会被感谢的角色，这相应地也会使另一方不再因为要做这些事而那么沮丧。这方面的争吵可能会出现在婚姻的早期阶段，随着争吵越来越明显，就得想办法解决了。当事情解决了（这的确也是可以解决的）后，对于那个承担了不受欢迎的角色的人来说，可能是非常扫兴的。

里克（Rick）和萨迪（Sadie）吵架是因为里克觉得如果他不说几

点了,萨迪永远出不了门。里克以前从来没有遇到过这样的事情——他觉得准时到达目的地很容易,而现在他与一个有时间困难症的人恋爱了。他们每次吵架情况都差不多,里克会反复提醒萨迪得有更好的时间概念,而萨迪似乎无法改变。随着时间的推移,里克也慢慢地接受了想让萨迪改变太难这个结果。虽然这不是里克想看到的局面,但他做出一些改变看起来似乎更容易一些,因为他确定,如果让萨迪改变,一定会花比想象中更多的时间。更顺利的是萨迪明白了自己的问题:这不是她以前必须面对的事情,但现在既然里克在不断地提醒她,她就更应该意识到这对里克的影响,尽管尝试过,好像还是改不了。但萨迪努力承认自己造成的影响,这也是一种进步。

在一段关系中,会有一些不同的角色,让人觉得真的很难去承担,比如,一个人有酗酒的问题,而他的伴侣觉得两人总是因此吵架或者得自己去收拾烂摊子。有的是其中一个人抑郁低落,而他们的伴侣因为一直照顾他们而疲惫不堪。在这种两极分化的情况下,一定的专业支持可以帮助夫妻思考这些不同的角色对他们而言意味着什么,以及如何找到共同前进的道路。

反思时刻

- ◆ 你觉得你们的关系中有一些微妙的角色吗?
- ◆ 你们谈起过这些角色吗?
- ◆ 它们与你们以前承担的角色有关吗?
- ◆ 你们对这些角色感受如何?

再来看洗碗的例子？

讨论了本章中的问题后，再来思考艾薇和阿什利关于洗碗的争吵（或者莱拉那么大声地把餐具放进洗碗机）。我觉得洗碗这个例子充分说明了婚姻中因工作量不同会产生冲突和怨恨，想一想下面这些问题：

- 关于洗碗的争吵是否说明夫妻需要解决彼此之间劳动分工的问题？
- 怎样可以更好地让夫妻不再坚持他们认定的做事方法？
- 来自家庭和社会的影响交织，又会碰撞出怎样的火花？
- 他们之间对于需要重新考虑的那些分工是否达成了一种默契？艾薇要负责做事而阿什利什么都不管吗？他们都要继续这种方式吗？
- 说直接一点儿，他们中的一个是不是洗碗或者收拾洗碗机的次数远远多于另一个？他／她感受如何呢？

不被认可的劳动

洗碗是明摆着的事情，但有些活儿却并不那么明显。因为有时听到这些事情会让人产生焦虑，所以我想拿出来单独聊一聊。

婚姻中经常得不到足够认可的一些事情：

- 担心钱、未来和健康。
- 思考你们之间发生了什么。
- 照顾悲伤或难过的家人。

- 对于家庭成员投入的时间和精力。
- 对于社交网络投入的时间和精力,例如学校和社区。
- 计划旅行、安排行程。
- 清洗——按颜色分类、洗好、折叠、收好。哦,还得把袜子配好对。
- 规划社交生活。
- 更换灯泡。
- 汽车保养、交税。
- 预约全科医生、牙医或兽医,整理处方和药物,还有怎么吃药——涉及家里面的所有医疗问题。
- 组织生日派对或写感谢信。
- 知道家里的东西在哪儿/把东西放回原处/规整收拾家里的东西。
- 清理孩子们穿小了的衣服(或者事实上任何形式的清理)。
- 检查上学要带的东西(并且还得看放学后带回来没有)。
- 购买清洁产品、洗漱用品和卫生纸。
- 给汽车加油。

这里面有些事看起来好像是小事,你可能会想:我们怎么才能去认可这些事呢?我们一定就没有时间做其他事情了吗?但是,如果有人做了很多这样的事,却没有得到认可,日积月累就会心生怨恨。

反思时刻

◆ 你还想将一些事情添加到此列表中吗?它们现在可是关注的焦点了。

小结

与伴侣共享空间意味着分享所有需要做的工作，打理和照管这个空间，无论是打扫卫生或赚钱之类的体力活儿，还是去操心那些要操心的事。当一切进展顺利时，合作和团队精神会让我们体验到真正的乐趣。我们在婚姻中观察自己，看看我们是怎么分担事情的（或应对分担事情时的沮丧和懊恼），也有机会更多地了解自己——我们为之吸引的角色，想逃避的角色，更愿意让伴侣做的事情（或者那些不愿意让他们做的事情）。

但分清楚谁来做什么是很困难的。对于需要做什么，可能每个人想法都不同，对于谁来做什么也会有不同的期望（要做的事情变了的话，一切又得重新评估）。有时，我们会觉得有点儿挣扎，努力去争取我们想要的角色，试图避开我们不想要的角色；而一切安顿好之后，生活又有了变化，一切都需要重新协商。对于劳动分工的感受（以及去承担那些挑战性的责任，也许不是我们想象或希望的那样）往往会引发不公平和怨恨。这些感觉有时真的会破坏一段关系，除非它们可以得到积极的解决。在亲密关系中，我们每个人都有自己分内的事情要做，把它们添加到待办事项中就可以了。

在该领域行之有效的若干建议

- 感恩彼此的付出真的很重要。
- 不要假设伴侣的工作量。
- 不要期望伴侣会读心术，做你认为需要做的事情——就这些事情进行良好沟通。

- 周围的支持网很重要——能够向朋友们宣泄你不喜欢做的事情。
- 去尝试一下你平时不做的事情。
- 定期沟通一下双方对工作量的感受。
- 即使真的需要清理,也要理解双方对于什么事情是重要的会有不同的看法。
- 要勇于承认和面对你难以承担一个角色或者一份责任时造成的影响。

忙来忙去(为什么你总是在看手机/你能给我一些私人空间吗?)

我环顾一家餐厅,注意到不同的情侣。有的在面对面聊天,有个女孩儿坐在她男朋友的腿上,一对夫妻在默不作声地吃饭。他们中相当多的人在打电话——有些是其中一个人在打,有些是两个人都在打。

这些不同的场景让我印象深刻,就犹如穿梭于夫妻关系不同地点和心态的一张张快照。当然,这其中有刚刚确定关系的,还有约会的(可能每一对夫妻对于在一起的状态都有不同的想法),在一段感情中,的确有不同的亲密状态和相处状态。有时我们彼此分享东西;有时我们身在一起却心在别处;有时心在别处,但伴侣希望彼此多想着对方;有时我们人不在一起,心却想着彼此(或没有想)。类似对于我们想要的距离或可以承受的距离(身体上或精神上的)拥有多大的自主权,以及我们自己想要或能够与对方分享的东西这些问题上,每个人都有不同的想法,会产生很多的矛盾和冲突。

所以，在这一章中，我将探讨这些不同的状态，这些可能会让夫妻们感到烦恼的"忙来忙去"（我也会好好地聊一聊手机的问题……）。

为什么你总是在看手机？

手机是这一章的一个主要话题，也许因为手机是一种联系的方式——我们与伴侣在一起时，可以用手机做其他的事情或者处理一些其他的问题，所以就在彼此之间产生了一种距离。正如一个人对我说的那样："在我们这段关系中，有三个人——我、我的伴侣和她的手机。"因为手机而产生的冲突和矛盾可能触及了问题的要害。首先——当伴侣不在身边时，我们会有什么感觉？当他们不愿意与我们分享的时候我们又感受如何？其次——如果伴侣正在欣赏和我们无关的东西，我们会有什么感觉？

埃里克（Eric）和丹妮（Dani）经常因为丹妮看手机而争吵。一般情况下都是这样的：

埃里克：我希望你不要再看手机了。你一上午都在看。
丹　妮：这有什么大不了的？我又没做别的什么事。你为什么总是这么生气？
埃里克：（沉默而愤怒）
丹　妮：我真的是在做正事！我在给妹妹发信息，还有，如果我现在不买火车票，明天的票价就翻倍了。你为什么老是指责我？！

这样的争吵让交流变得很极端——埃里克坚持抱怨"你总是在看

手机"，丹妮坚持自己的立场"这有什么问题吗？"谁能对购买便宜火车票提出异议呢？

好吧，如果换个角度考虑，我们可能会想，当埃里克觉得丹妮心在其他地方时，他脑子里会想什么。在沉默的怒火之下，可能他和丹妮都需要去倾听、去发现一些更脆弱的情感。要花点儿力气才能发现这些。

埃里克：我希望你可以把手机放下。我知道你想看手机，但我觉得一个人有点儿孤单。我觉得你的心在别的地方。是不是你觉得我很无趣？

丹　妮：什么！你怎么会这样想？！你为什么会有这种感觉？

埃里克觉得丹妮做其他事的时候和现在有天壤之别。对埃里克来说，这似乎让他感到了很大的威胁。

丹妮可以坚持认为埃里克"反应过度"。但如果他们都能花点儿时间，考虑一下这对埃里克来说是一个很敏感的领域，那么当丹妮"忙来忙去"时，关心一下这对埃里克的影响可能会更有意义。如果他们来接受治疗，这会是一个反复被提及的问题，我想问埃里克：小时候照料他的人是怎么忙来忙去的，他觉得自己在照料者的心中有多重要？如果他觉得小时候父母根本不把自己当回事儿是很司空见惯的，那会怎么样？如果丹妮这样做触及了他的痛处，又会怎么样？

理解上述这些并不意味着丹妮再也不能看手机了！而是说丹妮和埃里克可以更注意这一点，做不同事情的时候还是要想着对方，不要冷落和忽略了彼此。

忙于思考其他事情和全神贯注地关注对方之间，在婚姻关系中是很自然正常的。我们不可能一直全神贯注地关注对方，也不可能一直忽略他们，但这种量的变化和增减会让我们意外地看到一些完全没想到的情绪，也会暴露出我们不知道的一些敏感，对此，我们每个人都需要找到应对的方法。

还有另一种潜在的冲突。当丹妮说"为什么你老是指责我"时，也许是她真的感觉到被打扰了。埃里克需要知道他这种反应可能会让丹妮很为难。这时，自主与亲密无间之间的平衡成了他们必须要解决的一种矛盾。

考虑到手机在我们生活中的作用，我们很难不去协商如何使用它。我们讨论了为孩子们使用手机的时间和方式设定适当的界限，但夫妻双方也需要注意这个问题。想一想什么时候看手机（在卧室、夫妻一起外出办事，还是一起吃饭的时候）是可以接受的（或不可接受的）。当有人不得不使用手机工作时，事情可能真的很棘手，因为对方会觉得，伴侣似有若无（一直都在看手机），而伴侣却觉得别无选择，因为有一大堆工作要做，自己也无能为力。如果这个问题引起了烦闷焦虑和恼怒（就像往常那样），就需要好好地思考了。有没有办法限制这种影响，比如在工作不受干扰的情况下限制使用手机的次数？双方是否至少要相互表达一下对此的感受（即使无法改变），以便更好地了解这个问题对他们的重要性？这和前一章讲到过的一些观点有关。

反思时刻

- ◆ 关于手机你们有什么使用规则吗？你们认为需要这些规则吗？
- ◆ 你对伴侣看手机有什么反应吗？有没有其他的时机或场合会让你感到更难以忍受？
- ◆ 伴侣似有若无的感觉会触及你的痛处吗？

害怕错过因素

埃里克必须处理这个问题，因为他觉得丹妮正在做的事情和他无关。对此，有些人可能更容易接受，而另一些人可能会觉得很难，我们很难理解伴侣对不能参与某件事会有不同的感受。

英格丽德（Ingrid）和弗朗西斯卡（Francesca）是一对三十多岁的夫妻，他们在一起已经三年了。他们来接受治疗是因为之前一直在为弗朗西斯卡的朋友而吵架，这些朋友是弗朗西斯卡结婚之前就认识的，包括他的前女友。英格丽德很难忍受弗朗西斯卡和这些朋友一出去就是一晚上，而且很生气弗朗西斯卡出门前给他们发信息，回来后还给他们发信息。第二天，弗朗西斯卡和英格丽德往往就会吵架。英格丽德通常会对弗朗西斯卡冷淡几天，而弗朗西斯卡会觉得受到了不公平的对待和完全不必要的控制，于是就有了下面的对话：

英 格 丽 德：我不明白你为什么要这么频繁地和他们出去玩儿。

弗朗西斯卡：为什么不能呢——你要享受清静的夜晚，你喜欢你这样，我可以出去玩儿，享受开心的夜晚，我也喜欢我这样。这对大家都好啊。

英 格 丽 德：没有那么简单。你不明白——你只考虑你自己！

弗朗西斯卡：等等——我邀请了你的，但你从来都不愿意来。

英 格 丽 德：是的，我不愿意，因为我不想一晚上都和不认识或者不喜欢的人在一起。

弗朗西斯卡：为了我也不行吗？

英 格 丽 德：不行，反正我知道你也不想我去。

这些对话永远解决不了任何问题。他们之间的气氛会慢慢缓和，直到争吵再次发生。在一次特别愤怒的争吵之后，他们决定看看是不是可以寻求一些帮助。两人都迫切地想去改变这种像土拨鼠节一样无法改变的争吵——每次弗朗西斯卡出去时都会发生。

英格丽德承认，在弗朗西斯卡外出的晚上，她对彼此之间的距离有一些非常脆弱的感受。她向弗朗西斯卡解释说，这会让她很没有安全感。而弗朗西斯卡觉得这是一种批评。事实上，这并不是对弗朗西斯卡的批评，而是英格丽德脆弱的一面——一种很真实的被排斥和抛弃的感受。这多多少少和英格丽德的经历有关。英格丽德以前在学校时没什么朋友，也很难信任别人。弗朗西斯卡知道这些，但没有意识到他晚上的外出会引发英格丽德这些感受。

知道了这一点后，弗朗西斯卡外出时可能会考虑得更妥善一点儿。弗朗西斯卡承认，他担心如果因为外出而感到抱歉，或者表明他知道英格丽德很难接受这样，那就是以某种方式纵容和迁就英格丽德。但事实上，当他做得更妥善时，英格丽德会感觉放心多了。英格丽德觉得弗朗西斯卡心里是想着她的，就不会再觉得自己被抛弃了。虽然他们之间有物理距离，但会觉得彼此之间更亲密了，也就能够更好地管理彼此之间的距离了。

令人惊讶的事情出现了。英格丽德在这个问题上很明显地不再那么"需要"对方了，而弗朗西斯卡却表露出了他自己的一些需求。他向英格丽德说自己遇到这种情况也会紧张，弗朗西斯卡觉得自己必须经常外出的部分原因是，他担心如果不出去就会被排除在朋友圈之外。很明显，这个问题比最初出现时具有了更多的共同敏感性。

这方面的矛盾和冲突会让每个人都觉得对方"只想着自己"。但如果夫妻双方可以更积极主动地表示他们在考虑彼此之间的关系，而且考虑到了对方，那就为解决他们的分歧提供了更多的空间，而且会让人觉得分歧是在夫妻内部自己解决的,而不是靠外部力量。

这个例子表露出社交活动可能会引发的一些不安全感(当涉及社交媒体时,这种不安全感会更加强烈)。但也有一些矛盾并不那么关乎不安全感,而更多的是因为大家对于社交快乐的理解不同。很多时候,夫妻中的一方可能比另一方更外向,希望出去与人交往,而他的伴侣就没有那么多的社交需求。两个人不可能那么顺利地找到一种办法来顾及彼此的不同需求,但观念的冲突会让他们了解到彼此的社交能力,发现什么是可能的,什么是不可能的。他们双方可能都得放弃一些与朋友外出或安静地待在家里的承诺,但正如本书中的许多不同之处一样,这又是另一个我们不能指望第一天就解决的问题。但是,我们越了解这些差异和能力,就越能找到对双方都有效的安排。如果夫妻双方能够更好地就此事进行协商,而不是立即同意或拒绝,意义将大不相同。这可能是一种转变。老朋友可能会给他们带来压力,以前随叫随到,现在却要和伴侣商量。但伴随着从单身到夫妻身份的转变,这些事情现在需要从夫妻关系的角度来考虑。

反思时刻

- 你对被排除在外敏感吗?你的伴侣怎么想?
- 你们知道彼此的社交需求吗(或者没有社交需求)?

你太自私了

在夫妻关系之外寻找空间可能需要协商,一个人想单独行动,而另一个人却想要两人在一起。

马修(Matthew)的工作很忙,一周下来,他就想周六早上去骑行,喘口气放松一下。而另一边,凯西(Cassie)则觉得繁忙的一周后,周六早上对她来说最重要的是终于有时间可以和马修在一起了。

马修觉得这要求太苛刻了,而凯西对他也很失望。凯西觉得马修很自私,只顾着去做自己喜欢的事情。

马修:明天早上我真的想去骑行。

凯西:哦,你非要去吗?

马修:为什么你每次一听到就很不高兴?

凯西:总是你想要干什么就干什么,不是吗?

马修:平时我做任何事都必须征得你的同意。但有时我需要一点儿空间。

凯西:你什么意思?你不想和我在一起?那我的需求呢!我明天早上就想和你在一起。

他们会觉得只能满足一个人的需求。但是,思考一下婚姻可能需要什么,可以让双方更重视这个问题。因为是夫妻,他们需要找到解决办法。很明显,他们在这方面需求不同,马修喜欢骑行,凯西喜欢聊天还有和伴侣在一起,让他们放弃或改变这些几乎都不可能。

如果他们能思考一下这段关系需要什么,也许就不会感觉到他俩好像在比较谁更任性一样。夫妻关系需要他们做出调整,可能需要建立信心,要相信这些事在夫妻关系中可以有独立的空间和位置,但肯定不是随时随地都有。马修去骑行并不总是很方便,但并不意味着他就得完全放弃。同样地,凯西不可能随时都可以和马修一起聊天,但这也不意味着她就没有机会。

他们似乎也有一些担忧。凯西担心，也许马修不想和她待在一起，而同时马修也担心凯西控制欲太强。所以，寻找更好的方式来沟通整个情况，可以帮助他们建立对彼此的信任。

马修：你觉得我明天去骑行怎么样？我知道这不太理想，但辛苦了一周，我真的很想去，而且如果我有时间清醒放松一下，就可以更好地陪你。

凯西：如果有一个上午我们能一起安静地待在家里，真的会非常棒，但我知道你很想去，所以你去也没关系。

现在的谈话方式表明，他们彼此之间更加协调了，也更多地了解了对方的期待和盼望——这意味着他们可以行之有效地解决问题了。

上述冲突也不仅仅是他们中的一个随心所欲地任性。这也是在独立和亲密和睦之间找到一种平衡时不可避免的问题。夫妻们一起考虑婚姻可能会需要什么，就可以为独立创造更大的可能性，也许，"独立地"走出这一关系，某些东西就可以重新回到其中。如果有人要单独去做一些可能有利于感情的事情，那么这可以被认为是平衡的一部分。马修去骑行可能对他的健康和情绪都有好处，对凯西也有好处。这些利弊的权衡很困难，因为夫妻们要决定谁放弃什么，所以不可能每次都会很顺利。

但是，如果可以就这些事情一直进行积极有效的对话，就会有空间和对方谈谈"交易"并建立信任。有了孩子之后，这些可能会变得更复杂，更多相关内容会在第 6 章中讨论。

我需要我的空间

本（Ben）和穆纳（Muna）是一对五十多岁的情侣，已经交往十年了。虽然他们独自生活时一直很好，但他们觉得越随着年龄的增长，就越想住在一起了，所以穆纳搬到了本的家。尽管他们很高兴，但事实是，这比他们想象的要困难得多。本告诉穆纳，周末他需要一个人待在家里，两个人整天待在一起太幽闭恐怖了。他对新的相处模式感到恐慌。穆纳对此很难接受，感到很难过，她本来以为这将是一个激动人心的新篇章，但事情似乎和她想的并不一样。这种感受太伤人了，他们曾寻求过心理治疗。

他们对同居的不同感受似乎象征着我们对彼此关系的最深切渴望和担忧：渴望亲密无间，相互关心，又害怕要放弃自己的一些东西，无论是我们的想法还是做事方式，或者我们的自由——这些担忧在本书其他章节讨论的所有冲突和矛盾中都有所体现。当我们谈论忙来忙去的那些冲突、亲密关系和距离时，我们可能也在思考这些更微妙的渴望和恐惧，以及它们对彼此之间关系的影响。

对本而言，在他的成长过程中，他觉得自己几乎没有什么自主能力。他成长在一个管教很严的家庭，要求他做什么他就得做什么。所以当他必须放弃某些自由时，可能会感到焦虑，这似乎是可以理解的。这些焦虑在以前被妥善安置了，但现在又被激起了。穆纳在遇到本之前经历了一场痛苦的离婚，所以她也很犹豫不决是否要做出更多的承诺，但她希望这次能做得更好。穆纳担心本的焦虑，说明他们的关系不够牢固，她自己也感到相当恐慌。

这些焦虑所产生的矛盾冲突是他们作为情侣交往的必然结果——他们需要一场争吵才能解决在一起生活的问题。当他们离得越来越近时，有一些更困难的感受需要处理。

本说，如果穆纳能听到自己对她"走进他的空间"的焦虑，自己就不会觉得那么透不过气来。他说了这些话，并不表示他们的关系就要结束了——本只是想要穆纳来接受他。令人惊讶的是，当本开始放松下来，接受安排，不再那么强烈地要求自己独处的空间时，穆纳开始感到需要更多自己的空间了。俩人似乎都有了本最初表达的恐惧，但这需要他们共同来思考。对他们来说，这个过程并不会特别顺利，他们更加了解了彼此的恐惧，但必须继续更好更多地去了解彼此。

这是一个关于距离调节引发的矛盾冲突的特别例子，这种情况每天都会出现，而且很重要，值得思考：怎么才能让彼此都拥有他们需要的空间呢？以做饭为例吧。夫妻们经常描述他们对厨房里那些事儿的不同构想。有些人喜欢夫妻俩一起做饭，互相帮助；有些人想自己做，而不受伴侣的干扰（也许是为了让伴侣事后收拾卫生）。有些人不介意（自己做）；有些人可能要看心情而定。也许，如果在一些日常小事中能够照顾到自主（或亲密和睦）的需要，就有助于打开一个更大的局面，让夫妻双方觉得更可行。

反思时刻

- 在你们的关系中，你们是如何表达对亲密或距离的需求的（如果有）？或者对自主或亲密和睦的需求？
- 你们对此观点相同吗？会不会一个人要求亲密，而另一个人要求距离呢？
- 在一段关系中，亲密对你们来说是什么样的？是身体上的还是情感上的，还是两者兼而有之？
- 一种舒适的距离感是什么样的？

为什么你不让我看你的手机（或银行账户）？/ 为什么你认为你有权力看我的手机？

当谈到距离时，夫妻可能有不同想法的另一个领域就是关于给对方分享的内容，以及什么是（或不是）隐私。一个人查看伴侣的手机时可能会觉得非常正常，但他们的伴侣也许会觉得不合适或有侵犯性。不同的人对此会有非常不同的个人标准。

当上述问题和金钱产生关系时，我总是很好奇地想去了解一下。夫妻管理金钱和银行账户的方式同时也是一种有趣的思考——他们对于隐私和共享的感受。到我这里来的夫妻，有些人所有的钱只有一个联合账户；有些人既有个人账户，也有联合账户；有些夫妻双方都有个人账户，根本没有共享资金。没有什么正确与否的方式，不同的人喜欢不同的方案，但如果你们对什么是合适的有不同的想法，那么你们很可能在某个时候就得努力解决这些差异。夫妻们不同的个人财产持有方式，其实象征着将亲密关系和彼此分享时的焦虑和感受。

利亚姆（Liam）和莫妮卡（Monika）在治疗中谈到了他们在金钱和开支方面的争论。莫妮卡觉得利亚姆在花钱方面做了太多的决定，都没有问她，她很担心，因为他们正在努力存钱。利亚姆说，这是他挣的存入了自己个人账户的钱，因此他不觉得每次想买东西时都必须向莫妮卡报账。他觉得莫妮卡这样做很令人讨厌，莫妮卡应该相信他不会超支。利亚姆说，他们两个一样，都在认真地存钱。莫妮卡解释说，这不是对利亚姆的个人批评；她是一个会担心金钱的人，而且之前的恋爱经历让她在这一方面不那么容易信任对方。

看起来他们似乎正在解决这个问题，因为他们信任彼此的意图，也可能是对感情本身的信任。考虑到彼此的焦虑，他们想出了一个主意：确定一个消费金额，如果低于这个金额，他们就不需要和对方协商。超出了的话，就需要双方的同意。他们打算试一试看这样做是否有效。

> **反思时刻**
>
> ◆ 你们觉得双方可以共享哪些信息？
> ◆ 你们对彼此共享信息有什么希望或担心？
> ◆ 你们的钱是怎么安排的？是你们一起决定的吗？讨论这件事困难吗？你们是定期讨论还是具体问题具体分析？

你越界了！

在本章中，夫妻面临的一些问题的核心是如何在他们之间找到解决外部问题的方法，而外部问题是他们夫妻关系以外的——无论是其中一人使用手机、个人兴趣爱好还是社交生活。但更具争议的情况是，发现了一桩秘密婚外情，从而结束了双方的关系。

有时候夫妻双方不太容易确定他们和其他人之间到底有没有发生什么。与另一个人之间的某些行为，对一方来说感觉可以接受，对伴侣来说可能就会破坏夫妻双方的关系。一些人可能会觉得，他们与同事之间在工作之外的信息交流，或者他们在社交媒体上给某人点赞都没什么大不了的，但有些人可能就会觉得这完全不合适。有时，只有在"事后"，夫妻之间才能彼此协商这些界限。

莉尔（Lil）和迈克（Mike）是一对退休的夫妻，他们来接受治疗是因为莉尔得知迈克与他们的一位女性朋友在过去几个月里非常频繁地互发信息。莉尔看到了这些信息，虽然没有明显的色情内容，但都是很私人的，而且莉尔很惊讶他们聊天的语气——更加坦诚、更加真实，迈克告诉这位女性朋友他现在情绪低落,觉得退休很难。莉尔很震惊,觉得迈克背叛了她。她要求迈克离开,所以迈克现在住在他哥哥家里。

莉尔很坚持迈克这是"情感出轨"。迈克解释说他很无辜,他觉得可以向朋友敞开心扉,就像莉尔有朋友可以聊天一样。迈克说,他一直感觉很低落,说出来会好得多。他觉得很难告诉莉尔自己的悲伤,也不想伤害莉尔或让她担心——在某种程度上,和别人谈论这件事会更安全。

莉尔对整件事非常怀疑。她说迈克已经越过了她的底线——她不喜欢迈克和他们的朋友这样聊天。她承认有些人可能会感受不同,但对她来说这是绝对不行的。如果迈克自己情绪不好,那么他需要和莉尔分享,不必担心会伤害她,因为她可以面对。这就是他们在治疗中自己发现的问题,他们利用这个空间谈论了退休带来的一些困难感受。

在这种情况下,莉尔明确表示了她希望在哪里划清界限。迈克准备尊重莉尔的意愿,也许是因为她已经向迈克明确表示可以向自己敞开心扉。在处理这种情况并关注他们的感受时,他们有可能更加亲密。但情况并非总是如此,有时像这样的事情会破坏双方的感情。我们需要关注真正适合对方或其他人的不同想法。

反思时刻

◆ 在你们的关系中,在人际交往方面,无论是发信息,还是在社交媒体上关注对方和点赞,你们觉得什么是合适的(或不合适的)?

你根本没有想到我!

忙来忙去的问题涉及我们对分离以及如何承受分离的一些敏感感

受。当英格丽德感觉到弗朗西斯卡一直在想着她时，她会对弗朗西斯卡出门聚会感觉好很多。分开一周后，凯西还是会黏着马修。有些人可能会觉得，如果他们埋头看手机的伴侣在看手机之前承认这可能会带来的影响，那就会让他们感到轻松很多。

我听到过很多夫妻在这方面的抱怨——如果她出去购物时能想起我，如果他能给我带一份礼物，如果他今天不在的时候能给我发短信……对一些人来说，当两人没在一起时，对方想着自己真的很重要。人们有时会很矛盾，渴望伴侣想着他们，但又不想说，要是伴侣没想着他们，自己会感到很失望。

再一次证明，更努力地沟通可能会缓解这种情况——"我知道这听起来很疯狂，但我很希望你可以在国外买我喜欢的那种三明治或礼物。"非得把话说得这么明显可能会让人有点儿失望，但更多的时候可能会得到想要的结果。

有时，我们对分开的反应令人惊讶。

卡伊（Kai）出差了几周。他不在的时候，和妻子艾米（Aimee）没有太多联系，但在回家的路上，他一直在给艾米发短信，他们都很高兴能见到对方。但事情并没有按预期的那样发展。艾米正等着拥抱卡伊，给他一杯饮料，但卡伊说自己需要一点儿时间，先洗个澡收拾一下，还得打个紧急电话。当他再次出现去拥抱艾米时，艾米有点儿冷淡了，"我们喝一杯好吗？"他笑着问。"噢，对不起，"她说，"我现在正忙着别的事。"卡伊很生气，就走了出去。盼望了很久的相聚"变味儿了"。

这真是太令人费解了。他们如此期待见面，怎么又把事情搞得一团糟呢？

我们可能需要考虑情绪的变化过程。艾米突然变得冷淡，这也许是她管理情绪的方式，她觉得分开的这段时间很困难，他们各自的经历和感受也各不相同。在他们重新团聚的时候，一些困难的情绪会涌上心头。理智上，艾米明白卡伊需要一些时间整理一下，然后才能放松下来和她在一起，但她对分离的感受在这一刻爆发了出来。卡伊很不理解这种把他推开而不是拉近的方式。当他接电话的时候，艾米可能已经受不了了。再找一件让人无法忍受的事似乎很不合理，但这又有点儿像埃里克和丹妮的处境。有时，离别和分离会激起最孩子气的感受。上一分钟，艾米是个成年人，期待着见到她的伴侣；下一分钟，她又失望至极，像个孩子一样。这不是过度反应，而是人之常情。

在这样一种情况下，"重聚"进展得不太顺利，他们可能需要试着进行一次修补性对话，我想这就会是另一种重聚了。例如，如果艾米能够说出卡伊离开时她遇到的困难，那就会好得多。这样，卡伊就有机会更富有同情心地去了解她为什么反应这么强烈，而不会一味地觉得她很凶或反应过度。

这种事情经常会发生在家门口。不需要声势浩大的长途旅行，下班后就会遇到这种情况。有时，我们在这一点上的感受是非常真实的。一天结束时的相聚时刻提醒着我们，我们可能生活在不同的世界里（有时会对不同的角色产生怨恨情绪，就像上一章所说的那样）。不仅仅是在重聚时，那种难受的感觉会表现出来——在分开前的准备阶段，困难的感觉可能也会逐渐增强。更多地了解这些事情可以让夫妻们更好地为分开做准备，例如，可以在分开前聊一聊他们对分开的感受，会有什么影响，以及如何保持联系。把每天的上下班看得太重要是不现实的，但你们可以一起想一想对它的感觉如何，以及如何最好地利用这种感觉，比如可以说"如果你能给我十分钟的时间，让我回到家先放松一下，这真的会不一样"，或者"我真的很喜欢你上班时能抽点儿时间给我发短信"，或者"如果你上午给我发短信，我得午饭时才能回复"。

> **反思时刻**
>
> ◆ 分开对你们来说意味着什么?
> ◆ 你们有什么分开的经历吗?
> ◆ 当你和伴侣分开时,你感觉如何?
> ◆ 当你的伴侣回来时,你感觉如何?
> ◆ 当你们分开时,是如何保持联系的?你们对此有不同的想法吗?
> ◆ 为分开提前做准备是否有帮助(例如考虑如何保持联系)?

这一切到底和洗碗有什么关系

在一段感情中,不得不去考虑伴侣的意见是很困难的。有时,我们可能只想按自己的方式做事,有时可能只想清净地去洗碗或把它们放进洗碗机,不用去管伴侣怎么想。即使只是洗碗,也可能是一个享受自主的时刻。

但和睦相处也很重要。向伴侣表现出我们在考虑双方的关系,会让关系中的那些忙来忙去进行得更顺利一些(这与第1章关于沟通的观点相关)。在这种情况下,走出门去做你自己的事情或获得一些空间也会更顺利一些。

在我看来,洗碗代表着婚姻关系始终需要的东西——这是一件需要持续做的事。每次当有人洗碗时,在某种程度上是他们对彼此关系的关心和在意。

换言之,若你走出门或坐在那儿看手机,但没洗碗(或其他任何看起来可能需要做的事),那你也许就是在自找麻烦!如果有人想用洗碗来表示他们考虑了婚姻所需要的东西，可能就不需要在和睦相处和分离之间那么费心地忙来忙去了，因为这个人把家放在心里了，这会让人很安心，即使他出门去做其他事也没关系。

洗碗还以其他方式来发挥效用。洗碗代表着家，代表着婚姻的内部世界，而不是外部世界。当一个人在外面，而另一个人在家里时，也许洗点儿碗，或者羡慕一下对方，就会产生家门口的争吵。这并不是说那个在"外面的世界"的人这一天就很轻松，这时产生的矛盾和冲突就是在调和两个人的不同经历。

小结

如果一段关系中没有足够的亲密或和睦，可能就没有什么关系可言了。但是，如果一段关系经不起任何的分离、距离或独立，那么就意味着这不可能是两个人的关系——亲密关系需要两个独立的个体相互关联。我们谈论靠近某人，谈论与他们在恋爱或婚姻中的相聚，但这其中亲近和亲密的本质是一种有时要接受与伴侣之间的距离的能力，无论是身体上的还是情感上的。这是一种既能接受亲密又能容忍距离的微妙平衡。作为成年人，我们对与伴侣分开或分享伴侣的感受可能会很复杂，特别是如果以前的经历让我们对这些问题更加敏感的话。我们越了解自己和彼此对亲密与距离的感受和焦虑（这些感受和焦虑可能会深受以往经历的影响和界定），就越有可能找到对双方都有效的方法，并能感觉到这种关系是一股信心源泉，让我们可以很安心地忙来忙去。

解决亲密和距离的问题，我们彼此分享（或不分享）什么，哪些事情有（或没有）自主权，这一切感觉就像一个大的维恩图①。如果夫妻中的每个人都像一个圆圈，那么两个圆圈重叠的部分是什么？没有重叠的部分又是什么？我们双方如何看待这些差异？如何看待那些我们没有分享的东西？处理类似这样的问题，夫妻之间才能更亲密，即使这意味着更多的分离。想想感情和婚姻需要什么，而不仅仅是两个人要做什么，这样才会有一片更广阔的天地，而不是将其视为一场必须要争出个输赢的持续战斗。

从某种意义上讲，与距离相对应的亲密问题是本书的核心。这里讨论的任何冲突和矛盾，都可能会让恋爱中的人感到唯一可能的答案就是"离开我的（物理）地盘"。与某人的和睦相处和亲密必须得融合他们的不同想法，而且可能会在你自己和你对事情应该如何做的精确愿景之间留出一段距离。恋爱或婚姻中的那些忙来忙去，从更深的层面来看，是夫妻们必须得找到一种方法来平衡他们对事物的不同看法，虽然这样做有时会背离他们最初的想象，但都是为了更好地维护双方这段关系。

在该领域行之有效的若干建议

- 将手机和社交媒体的界限视为基本的家庭问题。
- 如果经常要分开一段时间，提前计划好应对困难的感受。
- 想办法表明即使分开了，心里也在想着彼此。
- 在分开前后，都要一起按时"加满油、充满电"（如果有需要的话）。

---

① 用于展示在不同的事物群组（集合）之间的数学或逻辑联系，尤其适合用来表示集合（或）类之间的"大致关系"。

性（难以启齿的事）

格雷姆（Graeme）和迪伊（Dee）是一对三十岁出头的夫妻，这是他们的第一次咨询，他们很早就到了。格雷姆吞吞吐吐地告诉我他们来接受治疗的原因。"我们有一些私密问题……就像在……我们的性生活中。"迪伊哭了起来。他们直挺挺地坐在椅子上一动不动，我感觉到了一种很不寻常的忧虑。迪伊在那里哭，感觉像是沉默了很久，格雷姆把桌上盒子里的纸巾递给了她。在这一刻，我更需要去做的是搞清楚他们到底因为什么问题来这里寻求帮助。

我瞬间就感觉到了他们在房间里谈论这个问题非常不自在。这完全可以理解，向第三者公开你性生活的秘密会让你极其不舒服，但这种不舒服还远不止于此。两个人在性生活方面的矛盾可能是他们之间最敏感、最尴尬的问题。彼此关于性的不同感受或想法，往往会让人觉得极度排斥，是一道无法解决的难题。不仅仅是观点不同——这是身体可感知的差异，夫妻们会觉得他们可能不合拍，或者双方的感情出了问题，尤其是大量的关于性的呈现和描述（无论是在电视上还是在电影甚至情色片中）往往都是类似两个人（可能是年轻人）在开始的激情期那样，一切都情不自禁、顺理成章地发生了。在这一章中，我打算谈论一下夫妻在性生活中遇到的一些问题，并展示一些我们可能愿意去尝试的方法。

你需要的一种争吵（但却不敢）

没有什么正确的性生活方式，也没有什么正确的性爱次数（没有性生活或丰富的性生活都可以），只要双方喜欢，两相情愿就可以了。

但是，如果夫妻之间性生活不和谐，他们需要找到一种相互沟通的方式。这好像是一个讨论情感难题的禁区。因为伴侣从来不倒垃圾而生气是一回事，但如果因为你对伴侣身体的感受不好，或者他/她对你的身体不感兴趣，又或者他/她对你的身体比你对他/她的身体更感兴趣而分享愤怒或痛苦的情绪可能会更难，也很不合适。

如果你提出这件事，也许会担心给伴侣施加压力，迫使对方和你发生性关系（你必须考虑是否会遇到这种方式）。还有一种情况，身体上的疏远可能也反映了夫妻关系中难以解决的其他问题：问题本身与性无关，但肯定刚开始时感觉好像就是这个原因。

当夫妻们无法处理好性生活中的矛盾时，随着时间的推移，它可能会从人们的视线中消失，不会引起任何注意。同样地，如果他们觉得这样挺好，那样也没关系（但通常不可能），他们会感到身体上的疏离，感觉到他们的关系中缺少了某种东西。如果忽略这种矛盾，就会导致更多的问题。这会成为"夫妻关系中应有的争吵"。

这么说并不意味着性生活中就不该有矛盾。不同的身体不可避免地会对性生活产生不同的感受。重要的是找到解决矛盾和冲突的方法。

通常情况下，这一切都要回到沟通上来，这和第 1 章中提出的许多主题都是相关的。

毫无疑问，一对夫妻的性生活背景是不断地、不可避免地变化着的——夫妻关系的各个阶段，从新鲜到长久，随着时间的推移身体发生的变化，也许还有要孩子的想法和现实对立而引发的争吵，以及生活带来的外部压力。这些都会对夫妻的性生活产生影响，有时夫妻需要一起动态地思考如何消除这些影响，在某种程度上这又会回到沟通上来。

你的身体让我发狂

为了探讨关于性的所有主题，我想从身体开始。伴侣的身体可能会以一种好的方式让你发狂，但也可能会以一种不太好的方式让你发狂。我在前几章中讨论的问题（写给你们任何一个直接跳到性爱这一章节的人）都与和某人共享空间的内在问题有关，不管是精神上的还是身体上的。在开始谈论夫妻的性生活时，我想提醒大家注意我们的身体与彼此共享空间的固有问题。我们的身体可能会作出反应或受到刺激，每个人都会在感官层面上对对方作出反应。正如你可能真的很喜欢你的伴侣，并且对他们的长相有反应，你也可能希望自己不要被他们身体发出的噪声或气味所困扰。不管是什么，在某种程度上，当我们共享空间时，我们的身体总是会有所互动的。无论是打鼾、清嗓子、咀嚼、大声地接工作电话，还是音色响亮的乐器，或者我们不想提（也可以提）的严重的口臭或者上厕所的臭味——如果我们的身体要共享空间，那么上述这些都是潜在的挑战；如果我们能考虑到我们的身体对彼此的影响，情况会好一点儿。

听到对我们身体的批评，我们会觉得是严重的人身攻击，所以夫妻们可能需要真正温和地相处（为了确定我们能忍受什么——这是一件非常敏感的事情，分清孰轻孰重很重要）。例如，像打鼾或口臭这样的事情，如果不加以处理，可能会给夫妻关系造成真正的困扰，然而这或许又是一个很微妙的问题。如果可以很温和地进行谈话，类似这样——"这确实是一个微妙的问题，但我正在努力，我也想知道你的感受，我认为我们的关系需要考虑这个问题"，情况可能会好得多。

这种情况下再遇上疫情封控期的话，对许多夫妻来说，就真的很难了。大家共处的时间和机会增多了，打破了夫妻之间原有的平衡。对有些人来说，身体方面的问题是彼此难以容忍的。

> **反思时刻**
>
> ◆ 当你和伴侣分享空间时，你知道你身体的某些方面会影响她（他）吗？

你为什么（再次）反应过度？

我们可能需要在更微妙的层面上思考我们对彼此身体的影响。

我在第 1 章中谈到了如果要改善沟通，我们就不能期望伴侣会读心术；相反，我们得通过试错，学会理解他们的情绪。当涉及身体时，也要这样去做，以便更好地了解彼此的各个层面。我们一定不能认为伴侣可以读懂我们的身体，通过双方犯过的错误，也许可以更好地理解彼此的情感和内心世界。

只要有好奇的心态，并对差异和潜在的固有想法持开放态度，这方面的争论就可以帮助我们了解对方的身体以及他们的敏感程度。

黑兹尔（Hazel）建议希娜（Sheena）考虑多运动一下。但结果却非黑兹尔所料。

希　　娜：你怎么可以对我的身体指手画脚？我都没说过你。
黑兹尔：我建议你照顾好自己很奇怪吗？
希　　娜：你是说，我不锻炼的时候，你就觉得我没有吸引力了？
黑兹尔：不！我不是这个意思！就当我啥也没说。这没什么大不了的！

但对希娜来说，这确实是件大事。希娜很生气别人告诉她该如何管理自己的身材，这个话题对她来说是非常敏感的。她十几岁的时候，她的母亲就经常说她应该努力锻炼来"减掉两个尺码"，现在她可能觉得自己又回到了与母亲的那种关系中。她的本能反应是保护自己不受伤害。

如果黑兹尔不觉得这是什么问题，那双方的对话就很有可能升级成冲突。

希　　娜：我真不敢相信你刚才说让我去锻炼。
黑兹尔：嗯，我不想撒谎，我就是这么想的。
希　　娜：但是，你不知道这会让人很不高兴吗？这让我觉得你认为我没有吸引力。我该是什么样子用得着你来说吗？你应该看看你自己和你说话的方式。我已经从社会上学了足够多的该怎么做，不需要你再来添油加醋了。
黑兹尔：唉，我真是无话可说了。我就是实话实说。
希　　娜：对啊，我也是实话实说，你好像也不能接受啊！

但是，如果他们能够意识到每个人对自己身体的感受都需要对方了解，而且还要不断地学习，对话就不会这么剑拔弩张了。

黑兹尔：喂，我根本没有意识到那样说会让你这么生气。

希　娜：是的，的确如此。

黑兹尔：我说错了。我想说的不是你的身材。完全是出于好心，锻炼有助于改善心情，这才是我真正在意的。

希　娜：只是这个话题对我来说太敏感了。你知道我妈妈是什么样的。她也让我觉得自己的身材很糟糕，她总是唠叨我。我一听到你那样说，马上就有那种不舒服的感觉了。我不能忍受任何人一直唠叨，要我改变身材。你可能觉得可以接受，但这对我来说行不通。

黑兹尔：好的。看来这真的让你很不高兴。我只是想解释一下——我不是这样想的；只是觉得照顾好我们自己很重要。我也感觉到了——真的意识到现在这样说不合适，我这样说的一部分原因也是想更好地调整一下我们的生活方式。希望你不要误会，我不是你妈妈那个意思。

希　娜：我之前没想到你是这样想的。

对他们来说，这个问题不可能交流一次后就消失，可能还得讨论很多次关于希娜觉得黑兹尔该不该对此发表意见这件事。但从此他们已经开始了更好地相处，了解了彼此敏感的东西，以及它们对夫妻关系的意义，这样，他们之间就可以建立一些共识，而不是说"这就是我，要么接受，要么离开"。希娜也了解了一些黑兹尔的事情，黑兹尔很关心自己的身体和健康，也许这就是为什么他会评论希娜的身体。

这种争吵凸显了我们在身体问题上相互接触时所涉及的敏感性。在夫妻关系中，可以对对方的身体、伴侣如何对待他们的身体或如何照顾自己这些事情发表意见吗？身体是非常私人的，承载着人们最早的生理和情感体验，而这些体验往往无法用语言表达。但作为夫妻关系的一部分，我们的身体也成了两个人需要协调的一个领域。一个人可能对伴侣的身体有适当的兴趣和关心——比如说"去做一次体检"或"你为什么要吃那个"——而对另一个人来说，可能感觉这是批评和干涉。另一方面，这也许是夫妻之间需要共同面对的一些必要矛盾，一个人在那儿摇旗呐喊着关心爱护身体健康，而另一个人已经率先行动了。了解每个人对自己身体的敏感度，可以更有效地调整这些对话。

> **反思时刻**
>
> ◆ 你如何看待你的身体？你喜欢它的哪些方面？不喜欢哪些方面？
> ◆ 你如何与你的身体相处？你在这方面的感受或想法与你的经历有何关联？

为什么你从来不想碰我？

希娜抱怨说，黑兹尔既不拥抱她，也不像自己想去抚摸他那样抚摸自己，事实上，因为希娜对这个话题很敏感，而且有过对自己身体不满意的经历，这会让人联想到也许黑兹尔真的不喜欢她。

我们可能需要解释的不仅仅是希娜的身体经历，还有黑兹尔的。黑兹尔来自一个很少有亲密身体接触的家庭，尤其很少会通过身体接触来表达感情。不拥抱或不抚摸希娜并不是他的天性。另一方面，希娜却将身体上的认可等同于对她本人的认可（这是她在妈妈那里所缺失的）。

他们相遇时，彼此之间的性关系非常美好。我们也许会想，他们深切渴望着自己的身体被对方欣赏和重视，这在他们早期相处的性兴奋中得到了表达和满足。但是，在最初的激情褪去之后，这就与他们之前各自不同的身体经历有了冲突。

希　娜：为什么你从来不想碰我？有时我觉得你对我一点儿兴趣都没有。

黑兹尔：你为什么这样说？！我们说过好多次了。你知道我觉得你很有魅力，我只是觉得我们需要更好地照顾自己，更加关注我们自己的身体。

希　娜：嗯，我渴望你多关注我。你难道看不出有时我只是想要一个拥抱？！

也许黑兹尔真的没有看出来，但他并不习惯自然而然地去拥抱对方。他需要更清楚地看到，需要更关注的一部分正是希娜在寻找的。如果希娜也能更好地与对方沟通这个问题，这对他们的关系将有所帮助。

黑兹尔：我不是故意的——只不过这不是我的风格。你知道，我的家庭不是这样的。

希　娜：我真的需要你明白，这对我很重要。

黑兹尔： 有时候你可以提醒我。

希　娜： 我知道。我只是希望用不着提醒。

黑兹尔： 很抱歉。

令人悲伤和失望的是，他们身体的互动也许并没有想象的那么顺利，他们似乎也无法如想象的那样读懂对方的身体。他们可能会对此深感悲哀，因为彼此之间的身体关系并不总是符合双方的强烈愿望——但至少如果能够进行这样的对话，就有机会多了解这种状况，并努力加以纠正。

我在第 2 章中写到，我们在自己成长的家庭和文化中都有独特的经历，我们身体的成长方式就是其中的一部分。身体承载着我们与世界关联的最早经历。我们可能在婴儿时期被抱着搂着，通过身体上的关怀来感知爱，或者可能在身体上很少或几乎没有得到过爱。我们可能被热情地或者柔和地抚摸过。我们来自不同的成长环境，有的人也许很喜欢肢体接触、很喜欢用肢体语言表达情感；有的人认为身体是拿来欣赏的或必须遮盖起来的；有的人会在运动中享受身体的乐趣；有的人不怎么关注身体在做什么，而是关注其他类型的活动。在一生中，我们的身体可能受到了尊重，也可能没受到尊重，在某些情况下还可能被虐待、被摧残或受到创伤。对我们的身体来说，外在世界或许是（也可能不是）一个安全的地方。当一对夫妻以非常私密的方式开始一段性关系，并接触到彼此的身体时，在某种程度上就接触到了这段成长历史。

我们不可能本能地就知道彼此的所有这些；我们甚至可能不了解自己的这些方面。在这方面，通过彼此的误解或对这些事情的不同感受，我们可能会学到一些新的东西，一些有关如何在身体方面与彼此相处的东西。

我们对一段关系中身体接触的态度是由我们从周围世界获得的真实态度和性爱经历所决定的。关于身体、性别和性的文化信息，对性行为的态度，宗教影响，在家里讨论性的自由度，我们周围人之间的性关系模式，我们接受的性教育，与以前的性伴侣的经历——这些都是我们可能需要更加了解的，关于彼此经历的方方面面。

托比（Toby）和莫内特（Monette）五十多岁，已经在一起三年了。他们来寻求帮助，是因为托比无法在莫内特体内射精。他在之前的恋情中也有这个问题，但他从来没有认真对待——但因为这个问题，恋情常常失败，他就变得很没有信心了。托比看过医生，医生建议他寻求一些帮助。起初，托比是一个人来的，经过一些讨论后他们认为，由于这个问题影响到他们两个人，所以要一起解决。

了解了他们不同的性经历和对性的不同看法后，可以很清楚地发现，在托比的家里，性和身体是一个"禁止讨论"的话题。他说父母对这个话题很紧张。他不知道父母是否有性生活，因为父母之间没有任何身体情感的表现，他也不记得父母之间有什么拥抱或温暖的动作。托比最近见到莫内特蹒跚学步的孙子时，很惊讶地发现，莫内特所有的家人彼此之间身体接触都那么亲密，一切看上去又是那么放松，看起来就像是另一个世界。这是他迷恋莫内特的一部分原因——托比喜欢莫内特的温暖，但觉得没办法回报她。

托比说，他觉得谈论性非常尴尬，并描述了他很害怕治疗课程。他在家里肯定从来没有谈论过性，是通过学校里的谈话了解到的，这些谈话有时会让人害怕或担心。

如果射精是一种释放，把他的性经历拼凑起来，就能明白为什么他很难放松和"放手"。托比还惊讶地发现，不仅仅是他感到焦虑，事实上，莫内特也表达了自己对性的担忧，她对自己的身体不那么自信了，因为她现在年龄大了，在某种程度上，如果实话实说，找借口避免性生活对她来说是一种解脱。

把这些想法放在一起给了他们希望，这是一个不需要通过分手就可以解决的问题。他们也获得了信心，认为性生活并不仅仅意味着房事中托比的射精。其他各种各样的方式也可以让性生活很愉快。没有了这种压力，他们觉得可以开始享受彼此的身体了，开始思考他们成长过程中禁止谈论性的信息如何阻碍了他们享受彼此的身体。

关键的一点是，当夫妻之间感觉性生活不和谐的时候，不管怎么表达，总会有一些事情与他们的经历相关。

反思时刻

◆ 你在成长过程中接受了什么样的关于身体和性的信息？

我希望我们的性生活会更好

上面的例子展示了一对夫妻如何努力改善自己的思维模式，更好地了解自己和对方的身体，以及如何继续进行更积极的对话。本章开头的那对夫妻，格雷姆和迪伊，当开始研究他们自己感觉到的婚姻中的问题时，这种思维模式对他们很有帮助。

格雷姆说他比迪伊更喜欢性爱的感觉。

格雷姆：也许我只需要学会接受，也许事情本身就是这样，但我觉得放弃我们在恋爱初期的那种性生活还为时太早。

迪　伊：我不会撒谎；我觉得他把这一切都推给了我，好像这是我的错。有时我觉得如果我们分开会更容易，但这是唯一的答案吗？我想有性生活，我们刚开始的时候就很好啊。这并不是说我不喜欢性生活，只是似乎我的需求比他的需求少。

格雷姆： 我认为，我们需要帮助来尝试找出正常的情况，看看是否有更好的解决办法。我们俩都不想因为这件事结束夫妻关系。

他们是来咨询的，努力地描述这个问题，不论问题有多么不舒服或令人不安，这表明他们非常关心彼此之间的关系。他们没打算忽视这个问题或者将就过下去——他们都想解决问题，即使不确定从哪里开始或者事情会怎么发展。这似乎是一个有益的起点——看起来好像是他们愿意进行的一场争吵。他们也很清楚，改善双方性关系才是目的。这并不是因为迪伊说她不想发生性关系，重要的是在考虑如何改善他们之间的性生活之前，双方先确认这一点。

可以用很多不同的方式来思考他们之间的问题，而且要鼓励双方更好地去理解自己和对方的身体。

他们喜欢什么？

对迪伊和格雷姆来说，如何定义性生活存在一个问题。如果他们将性局限于行房时的性高潮，那么这可能意味着，他们会错过更充分地享受彼此身体的机会。探索身体可以帮助他们更好地相处，并增加享受彼此身体的机会。

正如我的一位同事向寻求她治疗的夫妻解释的那样，"性生活可以是一种全天候的体验"。她的意思是，性生活不仅仅开始于你进入卧室的时候（即使那儿是它经常结束的地方）。无论是厨房里不经意的擦身而过，还是沙发上的相邻而坐，又或是抚弄一下脸上的头发，这些都是愉悦感官的性关系的各种呈现。这对一些人来说很自然，但另一些人也许就需要更多地去适应伴侣的喜好，更多地关注与伴侣的身体关系，这也是性关系的一部分。

迪伊说，当他们坐在沙发上时，她特别希望格雷姆抚摸自己的头发，或者依偎在一起。格雷姆说："那你为什么从来没有和我一起窝在沙发上？"

迪　伊：我真的很喜欢和你坐在沙发上，亲吻你，但我又担心如果我这样做，有时你会认为我有更多的想法……我不是说你会这么做，但是如果你明白我的意思，就容易多了，根本不用那样对话了。

格雷姆：这真让人难过，你就这样错过了机会。这很奇怪，因为有时我也会有同样的感觉，我觉得有时我只是想要一个吻或依偎在你旁边，仅此而已，但我经常感觉你可能不想这样。

他们一致认为，与其试图猜测对方在这类事情上的想法，不如彼此说清楚的好。两相情愿的性行为包括在这些方面开诚布公。如果没有任何沟通，往往就会出现各种无益的说辞或假设，那就更容易回避任何形式的身体接触了。

我比你更喜欢性爱

格雷姆描述了他觉得自己只是比迪伊更喜欢性爱，但又不知道怎么可以改变一下。他们刚开始在一起的时候，似乎一直都想频繁地做爱，但现在迪伊却不那么喜欢了。

我们思考一下他们是怎样产生不同的欲望感受的。格雷姆觉得情不自禁、心血来潮对他来说更容易，而迪伊则认为这"需要正确的时机"，否则她很难有做爱的心情和欲望。迪伊说如果她忙了一天的工作，或者家里有很多事情要做，她就很难像格雷姆那样"性"致勃勃。

格雷姆说，他理解并尊重这种差异，但不确定这是否真的能帮到他俩。

我想知道，他们是否觉得性应该是自然而然、情不自禁发生的，而不是非得更加努力地去理解怎么才能更好地激发性欲——当然这会比他们刚在一起时更困难。这对他们来说是一种心态的转变，但他们有机会时可以和对方讨论一下如何多花点儿心思、做点儿准备。迪伊谈到了为什么他俩经常会有冲突——她知道一天结束时格雷姆真的想和她有肌肤之亲，但这往往是她感到疲惫不堪，最不可能接受的时候。不仅格雷姆需要适应她；她也需要适应格雷姆，事实上，当她不想回应格雷姆时并不是在针对他，只是有时不在状态。但是，如果当她洗完澡，不再想着工作，他们可以一起坐在沙发上聊聊天（不光是挨着坐，这时候想做什么都不会有压力）时，也许会更有利于激发双方的欲望。

但问题是——他们能更开放地进行这种讨论吗？愿意更努力地去适应也许更适合他们的环境和氛围吗？

格雷姆和迪伊在一起已经三年了，比他们之前的任何一段恋情都要长。因此，他们进入了一个新的性关系阶段，与他们各自之前的都不同。这对他们来说是一个新的领域，需要思考如何使性生活更加和谐，但他们也觉得，这是一种不同的亲密关系，能够更多地谈论他们双方都喜欢的东西，并尝试更好地与对方沟通相处。

做出努力

在一段关系开始时，有些人可能会尽一切努力向伴侣展示其性魅力，但随着时间的推移，会觉得很难再投入精力——身体共享空间变成了常态化，对方的身体变得更熟悉，或者被其他优先事项或重要的事情所取代。两个人谈话的一部分可能是一些宝贵的回忆，回味各自感受到的快乐，和曾经为彼此付出的努力。

以这种方式理解对方的所有情况也许很困难。但是我希望表明的是，如果你们必须更积极地谈论如何让性生活变得更好，这并不意味着你们的性生活出了什么问题。

下面提出了一些关于性生活的问题。

反思时刻

- 你们愿意谈论你们的性生活吗？
- 你们有什么样的生理喜好？
- 在性亲密上你主动或伴侣主动，你会有不同感受吗？
- 你们清楚彼此的界限吗？
- 什么情况/什么时间会有助于（或无益于）产生欲望？
- 你们如何创造性地应对彼此之间的差异？
- 什么会引起性欲/无法引起性欲？
- 你们愿意分享关于性关系改变的感受吗？

更深层次的认同

可能有一些领域不太容易描述，不太为人所知，我们也更难思考或意识到。正如希娜对自己身体的感受和她过去的身体经历也许会无意中影响到她享受自己的身体和性生活的能力，和托比一样，格雷姆和迪伊的身体经历也会渗透到现在的夫妻关系中。同样地，他们的个人经历会以不同的方式影响着现在，他们现在更少地关注性和身体，更在意就他们的不同需求进行互动对话，并觉得他们可以相互信任。

审视一下他们的家庭背景，我们就会发现，他们每个人可能都很难向对方描述自己的需求。格雷姆说他家里的座右铭是"永远不要抱怨"，只要继续做好自己的事情就行了。迪伊是独生女，她的父母非常关心她的需求，根本不必费力地去描述自己的需求，因为她的父母早就都想到了。考虑到这一点，他们的模式可能让人很难想到从哪里着手去讨论他们双方都需要解决的难题。所以当他们说正在努力解决性方面的"亲密"问题时，实际上说的是一种更为普遍的亲密关系——在这种亲密关系中，他们可以很安心地坦诚相待，交换意见。他们性生活中遇到的困难反映了他们在亲密关系和沟通方面的冲突。只有通过谈论这些问题，才能解开束缚，从而更好更动态地共同思考问题。

无益的叙述

当一对夫妻很难谈论他们的性生活时，就会尝试默默地写下自己的个人原因，来解释为什么他们之间的关系不好。正如我前面所讨论的，身体是一个非常敏感的话题，慢慢地开始讲述可能会反映出一个人对自己的深度敏感。所以，当一个人没心情时，另一个人可能会觉得是因为自己不够吸引对方。当一个人不能勃起时，伴侣可能会觉得是因为自己的身材走样了，或者因为对方是在幻想那个能让他勃起的人。也许他们已经放弃了主动的性行为，因为他们认为自己会被拒绝。

如果无法谈论这个问题，谁知道到底是怎么回事呢？当性爱没有如期而至，或感觉可能有问题时，就一定要进行一场对话，以消除那些"为什么会这样"的无端猜想。

裘德（Jude）和布雷特（Brett）是一对二十多岁的夫妻，在短暂的疫情封控期间来寻求帮助，因为他们觉得自从封控以来就"无法相处"了。第一次见面时，裘德说，事实上他们的性生活已经完全停止了。她无法理解这一点——他们平时都希望有更多的时间做爱，现在有更多的时间了，但这（做爱）似乎根本就没有发生；她担心布雷特已经对她没兴趣了。我在想目前的封控情况如何影响了他们的性生活，也许这比其他任何事情都重要。压力和焦虑的交织，加上他们时刻都在一起，就失去了那种在不同的环境中相见，或者分开，或者一起回家的兴奋感，也许这就是他们可能不会像"平时"那样有性欲的原因。他们能够一起这样表达出来，思考这对双方的意义，都觉得松了一口气。

夫妻双方的性生活还需要很多努力——更加了解对方的感受，关注性生活方面对彼此的影响，并找到方法来确认他们的关系——所有这一切可能比之前认为需要做的要多得多，但的确很重要。

修复

如第 1 章所述，寻找空间来澄清或听取无益的叙述与修复对话的重要性密切相关。在婚姻中，我们找到了不同的方式来享有彼此，一起玩乐，无论是幽默还是共同的爱好（或其他什么），而性生活是其中一种非常特殊的、亲密的、相互愉悦的方式。但愉悦的一个重要方面是犯错并从中学习的能力。当感觉两个人之间的性生活出了问题，彼此的性欲望不协调，或者床嘎吱作响声音太大，让其中一个人分心，或者避孕套破了，或者其他什么事情没有如他们所愿，此时，重要的是重新相处的修复工作。无论是开心一笑（对于身体而言，幽默感是必不可少的），还是彼此澄清一下刚才发生的事情（而不是让每个人都写下自己的内在感受），这一切都有助于让双方的性生活回到正轨上来。这再一次与第1章中关于沟通的观点联系在一起了。

> **反思时刻**
>
> ◆ 有没有可能进行关于性的修复性对话？

我们的性生活已经变了

有能力就性进行更具活力的对话，就有可能更灵活地应对生活带来的变化，无论是意外事件，还是时间久了性兴奋已经消失的现实，或者日益衰老的身体。虽然有很多可用的信息会有助于解决这里提出的一些问题（尽管超出了本书的范围），但在我看来（我在本章中会继续提到），重要的出发点是"我们能不能就这个问题进行一次创造性的对话——这对我们来说仍然有效吗？我们能做些什么来解决这个问题吗？"（这是我们需要的一种争吵）

生孩子、经历更年期、衰老、性欲减退、疾病、药物、前列腺问题、盆底肌问题、激素水平的变化、体形的变化——这些都是夫妻必须努力应对的生活的方方面面，可能需要积极地学习与身体相处的新方法。

当谈到生活中更出乎意料和更困难的事情时，例如去世、创伤、失望等，可能会让人觉得性关系无关紧要、无足轻重或者不合时宜。

共同承认失去性关系感觉像是此时唯一可能的联系了，但性生活也有其自身的重要性。可以确定，没有性生活大家都会很难过。

> **反思时刻**
>
> ◆ 你们能花点儿时间想想，随着时间的推移，你们的性生活发生了哪些变化吗？

你看了太多情色片了

夫妻们会觉得情色片是有趣和令人愉快的东西，可以改善他们的性生活——但我希望只有出现了问题的时候才听到这种说法。也许一方不满意另一方看情色片，会觉得很不舒服或很排斥，或者觉得它对他们的性生活有负面影响。夫妻在这一领域的争吵为他们表达对双方关系的关切提供了机会，但如果感觉有些东西失控了，或者无法解决，那么可能就需要专业的帮助了。

我们在性方面遇到的问题有时与性本身无关

虽然我一直在说（很多）沟通是有活力的性关系的核心，但夫妻性生活中的矛盾也可以传达出他们之间关系的一些基本信息。如果在一段关系中很难表达怨恨或愤怒（或者如果已经表达了，但另一个人似乎没有听见），那么交流可能会转化到身体层面。冷淡的态度就证明了这一点。

打个比方，如果夫妻双方没有前面几章谈到的那些在其他领域需要的争吵，这些问题就会转化到身体层面。未解决的姻亲矛盾真的会影响性欲，尤其是当有人看到他们的伴侣始终是"父母的孩子"，而不是成人性伴侣时。正如第3章所讨论的围绕角色产生的矛盾和冲突——夫妻关系中超负荷的工作带来的怨恨情绪（或因此而疲惫不堪）——如果很难用言语表达（或没人倾听），就会表现出冷淡或克制自己的身体。当谈到忙来忙去的那些事时，如果一切顺利，我们的身体会做出积极的反应，但如果有被忽视或感到窒息的感觉，可能就会试图对身体做出控制，或在夫妻的性生活中表达出这种情绪。

在上述案例中，关注这些深层次的问题会有所帮助，而不是将其作为一个纯粹的性问题。这也因人而异，对有些夫妻来说，即使有一些其他的问题，也可以保持良好的性关系。性生活出现问题的时候，沟通可以帮助解决，即使夫妻要忙其他事情的时候，也还是可以坚持健康的性生活的。

专家的帮助

我们的身体和性关系可能偶尔会需要专家的帮助。当性行为似乎没有如你预期或没有以正常的方式进行时，就得找医生进行体检了，排除掉任何身体上的原因。有时并不是身体上的问题，而是夫妻需要注意健康状况。比如，有可能是药物的副作用影响了性欲，或者分娩后的变化。性交时疼痛等症状应该进行检查，持续勃起困难的话可能需要注意心血管方面的问题。

这些关于性的对话并不容易，性问题可能也不那么容易解决。在格雷姆和迪伊的案例中，夫妻治疗帮助他们学会了如何更好地处理性生活，构建了更有活力的对话沟通，能够改善他们的状况。但是，对于一些夫妻来说，进行更深入的性治疗，可能才会有所帮助。在这种情况下，夫妻可能想要与专业性治疗师交谈。他们对夫妻进行评估的一部分是试图了解这个问题是否反映了其他未解决的问题，或者它是否仅仅是一个性方面的问题。我在一家专门的性心理服务机构的同事们与一些夫妻有很密切的合作，帮助夫妻们了解自己的性行为方式，包括研究他们对自己身体的感觉，什么能（或不能）激起他们的欲望，什么因素起到了抑制作用——然后随着意识的增强，开始通过特定的行为项目来相互交流这些想法。

性和洗碗有什么关系

洗碗是一种表达对伴侣关爱的微不足道的小方法。有时像这样的关心可能会产生积极的情绪，会让人觉得有人想着你，有人关心你——对有些人来说，这是最好的性诱惑。另一方面，对家务事的怨恨或不堪重负，可能会表现为对性缺乏兴趣——当我觉得好像我一个人在做所有的事情时，为什么我还要付出自己的身体呢？

脑海中浮现的或许是电影或电视中的陈词滥调，当一个人走到正在洗碗的伴侣身后时，伴侣转过身来，他们开始接吻，所有的事情都按部就班地发生着。但事实很可能是洗碗的人根本没有心情，因为他们正在洗碗。他们的伴侣必须得灵活变通，伴侣们可能无法获得电影中常见的那种即刻的、情不自禁的反应。

性爱有点儿像婚姻中的洗碗。对于性爱或洗碗的那些焦虑可能只是关于性爱或者洗碗本身，或者相反，它们也可能暗示着双方关系里的其他矛盾和冲突。

小结

我不是一名专业的性治疗师，而是一名婚姻治疗师。当一对夫妻觉得他们的性生活不和谐时，思考如何帮助他们在这方面更好地相处是很重要的。

和谐的性生活的确是增强夫妻关系的一个因素；它也是夫妻关系的一个很好的象征。当一切顺利时，它会让身处其中的人对自己和双方都感觉良好，会觉得他们的关系很有趣，很有创意。但有时也可能会一团糟。有时会比其他时候更和谐，有时一个人会比另一个人更享受、更开心，有时一个人不如另一个人那么喜欢它。还需要灵活应对外部事件。为了能够找到更适合彼此的方式，需要关注婚姻中的这些不同状态。这可能需要双方的沟通，而不仅仅是对我们的身体听之任之。关于性的交流很困难，因为有一些可能是最困难的话题，但这却是必需的。

在该领域行之有效的若干建议

- 更加努力地调整适应自己的身体和自己的身体体验，包括性和非性的方面。
- 多使用润滑剂（如果之前没用过，至少要多了解它什么时候可能会有用）。
- 在避孕和性健康方面，确保必要的对话。
- 如果有孩子，要考虑何时何地腾出时间做爱（以及是否需要锁门）。
- 保持性爱的乐趣，不要害怕犯错或尝试新事物。
- 开诚布公地交流，避免无益的说辞。

6

育儿（一切都变得更难了）

安吉（Angie）和吉姆（Jim）打算再去一次生孩子之前度假的地方，一个让他们记忆深刻的地方。他们现在有了三岁的儿子比利（Billy）和八个月大的女儿鲁比（Ruby）。

早晨五点半，鲁比就已经醒了（也叫醒了比利），吉姆起床了，因为轮到安吉睡懒觉了。今天早晨，他们打算去海滩，从他们住的地方要走一小段路。比利说他不想去。吉姆认为也许安吉和鲁比应该自己去，他应该和比利待在一起，但安吉认为比利出去呼吸一下新鲜空气感觉会好一些，睡眠也会更好一些。关于这一点大家意见不一，最后，安吉说："如果我们早上不在一起，那真是太遗憾了"，就一锤定音了。

决定好之后，又费了点儿工夫找到比利的雨靴给他穿上，刚要出门，鲁比又需要换尿布了。比利说他不想去，所以吉姆就把比利扛到了肩上。终于到达海滩时，安吉发现他们忘记带水桶和铲子了。比利开始哭，安吉很生气，她特意嘱咐过吉姆要拿上水桶和铲子的——"你就负责干这一件事（也没干好）！"吉姆说安吉躺在那儿睡懒觉；他一早晨又不是坐在那儿什么都没干。

这时，比利越来越难过，这似乎也影响到了鲁比。吉姆想把她从婴儿车里抱出来（他们又笨拙地在沙滩上没站稳，往后滑了一下），而安吉说："不，你照顾比利，我来抱鲁比。"吉姆让比利看海鸥，试图分散他的注意力，但比利太不高兴了，就躺在沙滩上。安吉告诉吉姆："比利当然对海鸥不感兴趣，他太不开心了。"吉姆说："你负责鲁比，我来负责比利。"但比利跑到安吉身边，要让她抱，可安吉已经抱着鲁比了。安吉狠狠地瞪了吉姆一眼。然后对他说："你就站在那里看着吗？"吉姆回答说："看来有时候你也不是万能的。"

一个善意的路人说："今天天气真好！你们忙得团团转？"安吉看了看吉姆，瞬间他们就相视一笑，会心地交换了一个眼神。这短暂的一瞥似乎让他们重新焕发了活力，成功地重新振作起来。他们度过了一个非常愉快的上午，比利在沙滩上玩耍，吉姆转了几圈把鲁比哄睡着，然后他们回家吃午饭。下午，当孩子们小睡时，安吉和吉姆瘫在沙发上就睡着了。安吉说："哇，这和我们上次来这里时的感觉太不一样了！"

确实是这样，一切都变得更加复杂了。有了更多的家庭成员后，要考虑更多人的感受，要做更多的决定，这些决定又会引发更强烈的感受，要分担更多的事情（而且都是在睡眠不足的情况下）。安吉和吉姆可能会对他们关系的变化深有感触，他们越来越没有时间，也没有精力过二人世界了。现在，他们再也不你看我、我看你了，大部分时间都是在一起当育儿忍者，需要快速思考，恢复元气，以便分配任务，还得努力管理自己的焦虑情绪，只有在另一个人干活儿时才能休息一下。这真的与他们上次去那里度假时大不相同。

这是在度假，相对来说还轻松一些。挑战去海滩是一回事，但当你成了父母或做任何你需要做的事情时，就完全是另外一回事了。

如果一对夫妻成了父母（这通常是一段艰难的旅程），我前面几章所讨论的所有五种争吵都有可能变得更加困难。需要更多的沟通，与彼此的家庭之间的关系会变得更复杂（相应地又会激起一些对家庭的深刻感受），需要分享更多的工作，有更多搞不清楚的忙来忙去，至于性生活，可能只是觉得没有时间，或者如果有时间，也没有精力了。当然一定还有更多的洗洗涮涮。一个婴儿没有免费的软件更新供父母下载，以适应他们现在所处的新的更复杂的环境，但父母还是得设法解决这个问题。

所有这些都会伴随着一种强烈的感觉，那就是成为父母可能会在各种不同的层面上引发各种不愉快，对一些人来说，还有可能是在很困难的状况下。

虽然（很重要的是）有许多育儿书籍可以帮助父母学习如何照顾孩子，并以有益的方式与孩子相处，但育儿建议很少考虑到这种为人父母的转变对夫妻关系有什么影响，以及由此引发的问题。这一章试图描述夫妻成为父母后可能会面临的一些挑战。父母之间需要（和不需要）的争吵是一个宏大的主题，但我重点关注的是为什么成为父母会加剧我前面谈论的那些争吵。

沟通

当有了孩子后，多了太多需要沟通交流的事情。

- 能抽时间和我一起去做 B 超吗？
- 能递给我一块尿布吗？
- 你觉得她没事吧？
- 他为什么这么做？

- 快看！他/她太可爱了！
- 谁喂孩子？
- 我真的很累。
- 他够暖和吗？
- 感觉有些不对劲儿。

有些是比较实用的——比如"能递给我一块尿布吗？"但其中一些也是孩子引发的正常焦虑。能够相互沟通担忧很重要，可以知道双方需要做什么。其中一些担忧可能比较强烈。"我很害怕，我的孩子还好吗？我会成为好的父母吗？我真的认为这样做很重要。"这不仅仅是更多的交流，而是一些关于可能比以往任何时候都有更强烈感受的事情的交流。它不会随着婴儿期结束而结束。成为父母会让我们对更多的事情产生想法，有时候会很激烈。

如果我们和伴侣就彼此关心的事情争论不休，而且孩子的事情是其中很大一部分的话，就必须要好好调整我们的沟通方式了。觉得在大多数事情上达成了一致，或者有着共同价值观的夫妻，现在可能会发现在孩子的问题上有很多激烈的分歧，比如孩子应该如何抚养，或者孩子想自己去做什么事情，又或者孩子盘子里的东西是否应该全部吃完。而这时候，另一个孩子可能正因为某些事儿自己在那儿发脾气、使性子。

沟通不仅需要考虑到这一点，还必须提高效率。如果孩子哇哇大叫，就需要立刻去喂他，不能在那儿长篇大论地争论如何最好地喂养孩子或由谁来喂养。

要吵的事情变多了，但时间和空间都变少了。感觉自己完全筋疲力尽还有一个额外的好处，就是可以大大提升交流的技巧。夫妻必须迅速找到解决问题的方法，还要保护他们的孩子不受大人冲突的影响——成为他们希望孩子们模仿的榜样。孩子所处的外部世界和成长环境将影响他们的内心世界（回到第 2 章）。如果他们父母之间的关系紧张是常态，那么孩子长大后组建的家庭的氛围也会很紧张。

当安吉和吉姆生气时，比利似乎更烦躁了。但比利的表现也让他们更生气更心烦了，所以两个人又吵架了。这时有点儿短路，好像每个人都在惹其他人生气。当安吉和吉姆从路人的眼中看到自己的时候，他们有了一种可以坚持的力量。他们可以坚持的是彼此之间的关系，这种关系有可能会让整体气氛冷却下来。从外部俯视有助于他们看到自己的困难和不理智，与过去的生活相比，现在这么艰难，他们也只能笑一笑。在这一瞬间，他们可能有点儿同情自己，也慢慢地掌控了局面。他们的婚姻和感情是一个他们自己和孩子都可以寻求帮助和支持的地方。

在这方面，你觉得你和伴侣之间的沟通问题经常会转移到育儿领域。例如，如果你觉得伴侣不听你的话，或者不愿意听你把话说完，同样的事情发生在孩子身上时，你可能就会很敏感。你们有可能会争论关于"如何为人父母"的问题，这确实可以在夫妻层面上进行，就像"我们将如何相互沟通"一样。当然，你如何与孩子沟通很重要，抚养他们的环境和氛围也很重要，这方面的问题可能会反映出你和伴侣之间的问题。

我们需要更新夫妻之间的沟通方式——夫妻们的基本操作系统不是一夜之间就能下载的。这可以帮助夫妻们意识到，他们不可能从最开始就做得很好。要适应两人刚刚降落的这个新的情感星球需要一段时间，这可能是一个很漫长的过程。事实上，这个过程不会结束——随着孩子们的成长，总会有一些东西需要交流，每个阶段都会有新的关注点和感受。

第 1 章中关于沟通的观点变得比以往任何时候都重要，包括谈话的时间、谈话的语气以及我们更好地倾听对方的方式。争吵可能会引发一些需要解决的问题,夫妻双方需要坐下来进行修复性对话。

例如,有时我们很不愿意听对方说孩子需要做哪些事情,因为这些观点可能会触及我们自己成长过程中的痛处,但父母如果想找到解决办法,倾听对方的意见很重要。这样就会有更多的空间来一起思考问题的答案,反过来也会为孩子们树立积极的榜样。

莱拉和安迪对他们的女儿艾比(Abby)做作业的方法所持观点不同——家庭作业这个话题可以很全面地表现家长各种不同的焦虑。

莱拉:艾比还没写完作业——我什么方法都试了——我真是受够了,只有我一个人关心这件事。

安迪:你担心得太多了。她已经这么大了,可以自己承担责任。如果她写不完会有麻烦,那她就会了解这一点。这才是我们应该让她学会的事情。

莱拉:你对待这件事怎么就这么不认真呢?!为什么总是我来操心作业?

安迪:我很认真啊,但你总是很生气。

艾比:你们在吵什么?

莱拉:让你爸爸和你说。

这感觉有点儿像是在重演第3章中他们关于家务的争论,但现在涉及艾比(她听到了)。看上去谈话的方式没有把握好,更加分化了不同的想法,变得针锋相对。他们都非常强烈地坚持什么是"对的"(这可能反映了他们成长过程中的不同经历)。有没有什么方法可以让下一次的交流变得更好呢?

莱拉：嗯，我很抱歉之前的事，我只是担心艾比。

安迪：你是什么意思？

莱拉：我只是担心她为什么没有动力。

安迪：嗯，我也想知道她怎么了。

莱拉：你觉得她和你交流会更好一些吗？

安迪：我不知道。我的意思是，我和你不一样。我可能有不同的解决方案，如果她因为写不完而惹上麻烦，她可能会改变的。

莱拉：嗯，我们可以试试。

安迪：是的，但是我们还是得盯着点儿。

这种对话就为双方都留出了更多的空间，对彼此关于艾比的想法都产生了更多的好奇。他们尊重对方的想法并试图找到解决办法，而不是非要坚持自己感觉"正确"或"显而易见"的方式。这种修复性的对话有助于让他们回到夫妻关系的正确轨道上，也有可能帮到艾比。

如果谈话不断升温，或者管理你们的沟通方式很困难，尤其是在孩子面前，那你们可能需要一些帮助，以便思考发生了什么，并在情绪激动时找到保护自己和孩子的方法。了解彼此如何在不断升级的冲突对话中制造短时中断也是很重要的，比如同意分开一下，或者暂停不断升级的谈话或争论。

反思时刻

- 你们有什么空间来思考成为父母后发生的变化？
- 在育儿方面，你们倾向于如何谈论意见不一致的问题？

> ◆ 你们认为孩子会如何描述你们的沟通方式（如果他们太小无法描述，你觉得你们的沟通方式会对他们有什么影响）？

家庭

我们的童年记忆会像沙漠中的种子一样在我们的体内休眠，直到为人父母的雷雨来临，把它们全部唤醒。例如，一位新手爸爸因为孩子的到来而有种自己被取代了的感觉，他意识到这是他小时候的一些感受在作祟，他的母亲在他出生一年半后又生了一个小弟弟。理解了这些旧日的感受，才能更好地把握当前的感受。

不仅仅是新生儿才有问题，你们8岁的孩子会有这样的问题吗？正如菲利帕·佩里（Philippa Perry）在她一本很重要的书《真希望我父母读过的书》（The Book You Wish Your Parents Had Read）中所说的那样，无论你的孩子是什么年龄，他们都会提醒你……你在类似阶段时经历的各种情绪。在第2章中，我们提到了夫妻关系就意味着要理解彼此的家庭情形，以及每个人带入夫妻关系的那些希望和渴望。现在有了孩子，这些是需要再次演练的，因为你们必须开始更多地了解彼此在养育子女方面的希望和渴望——也许还有你们成长过程中尚未解决的问题。

例如，如果有人觉得在童年时被剥夺了一些东西，自己的孩子重复这种剥夺感时，可能会有一种真正的焦虑，注意力可能会从做一个好伴侣强烈地转移到做一个好父母。这可能会让夫妻们不知所措。如果你不了解深层原因，你的伴侣对某些问题的强烈感受就会让人难以理解，无论是孩子的哭泣，还是如何去管教孩子，家里是否应该堆满一堆玩具，或者应该给孩子多少屏幕时间。两个人都会从他们成长的环境中带来自己的想法——他们欣赏的东西或者他们希望改进的东西。

由于抚养孩子的责任，父母可能会觉得他们必须要比以往更认真地对待彼此之间的关系。这可能会引发旧日恐惧——他们的父母关系是如何影响他们的。一对平时很容易化解矛盾的夫妻，有了孩子后，可能会想起原来父母争吵时带给自己的不开心，他们想避免对下一代做同样的事。

安东尼（Anthony）和米歇尔（Michelle）有两个女儿，一个12岁，一个15岁。他们开始担心小女儿凯拉（Kyra）。凯拉不想去上学，每天早上他们鼓励她起床去上学时都会吵架。尽管她最终去了，但每天都是一场斗争，让他们精疲力尽。他们很想知道是怎么回事，但凯拉拒绝谈论此事，所以他们也不知所措。

安东尼和米歇尔两个人为此而吵架。米歇尔认为这只是一个阶段，就是孩子的任性，凯拉在试探他们的要求，对凯拉来说，最好的事情就是让她坚持下去。安东尼认为，如果她不想上学，肯定有什么原因，也许她应该待在家里，这样他们才能弄清楚到底发生了什么。米歇尔认为那正好是去"迎合"她，不上学又不是什么好选择。他们俩的想法完全相反。他们曾让大女儿艾瑞斯（Iris）和凯拉一起步行去上学，但艾瑞斯坚称自己想和朋友们一起步行去学校，而不是和妹妹一起。他们互不同意对方的想法，完全不知道该怎么办了，心里有点儿绝望，所以就来寻求帮助了。

我很感兴趣的是，他们是作为一对夫妻来寻求帮助的，而没有直接去为凯拉寻求帮助，凯拉应该去见学校的辅导员。这似乎是一个积极有益的迹象，表明他们想一起解决这个问题。

我问了他们各自的成长背景，以及目前的情况是否会让他们联想到自己的学校生活。安东尼说他在一个非常严格的家庭里长大，"你绝对没有抱怨过任何事情，即使你发烧了，也要去上学。"安东尼说他从来没有发表意见的余地。米歇尔说，她对于小时候上学没有什么特别的记忆，但她现在觉得自己当时要是更加努力就好了，因为这会帮助她找到一份更好的工作。

把这些结合在一起后，他们都更加理解了彼此的想法。安东尼真的很担心凯拉也许和他年轻时一样。他从不想让凯拉觉得没有人听她说话。而米歇尔非常担心凯拉逃学和凯拉的学习成绩，她现在心里想的全是这些。

安东尼感觉他们好像都戴着眼罩，一心朝着自己的目标前进——"这可能就是为什么我们谁都看不到发生了什么！"当彼此都觉得对方对自己的特定关注点有了更多的了解时，他们似乎就能够以更轻松的方式来谈论这件事了，无须如此强烈地去强调自己的观点。

一旦他们放松了，就可以一起讨论这个问题，而不是非得一直维护自己的立场。他们开始想到艾瑞斯，想知道她为什么这么不愿意帮助妹妹。他们觉得，也许应该作为一家人坐下来讨论这件事——他们之前是不愿意这样做的，因为安东尼和米歇尔觉得他们的想法完全相反，担心这件事会变得过于激烈。但现在看来，这似乎开辟了更多的思考空间。

令他们惊讶的是，艾瑞斯对妹妹开始上学有着非常复杂的感受——她担心自己必须得让妹妹加入她的朋友圈。凯拉说，她真的对上学这件事感到非常不安，实际上，她对学校非常害怕，希望得到姐姐的帮助。虽然这个问题并没有立即解决，但感觉有更多的变通和可能性了。事情发生了改变，安东尼和米歇尔可以因为他们自己的成长背景而更好地相互理解了。他们共同努力解决了一些问题，减轻了孩子们的压力，也让孩子们更加坦诚和诚实。

反思时刻

- 从你们自己的成长经历中，会带来什么样的育儿观念？包括你们喜欢的和不那么喜欢的东西。

大家庭

当有了孩子后，为了享受到大家庭可能会提供的支持和爱，努力改善与大家庭之间的关系可能比以往任何时候都更重要。但这也可能会很复杂。

我们在第 2 章比娜和马可的例子中看到了一些这样的问题，比娜觉得马可母亲的参与让她有些反感。在有了孩子后，因为双方家庭的参与，就会出现矛盾和冲突，亲属们愿意参与他们的新关系，这是可以理解的，因为亲属们可能会觉得作为家庭成员，他们有一定的机会和权利对事情会怎么样（或应该怎么样）发表意见。对于一些夫妻来说，这不会有什么问题，在他们的家庭文化中可能还会觉得非常正常。但对于另一些夫妻来说，就像我们在比娜和马可身上看到的那样，就会很难处理了。

就像当你们成为父母后的交流一样，这也需要时间来解决，可能需要建立信任。你可能和父母 / 姻亲之间都会发生我们讨论的五种争吵（或者更多）。例如：我们多久才能见到你们呢？你们愿意来帮忙呢？你们可以给我们建议吗？你们能尊重我们的界限吗？你们能相信我们可以自己解决问题吗？会因为某个家庭参与得更多，产生矛盾或竞争吗？

所有这些问题在成为父母的过程中似乎都很正常。对夫妻来说，重要的是要记住,这些问题没有正确的答案。一个家庭以特定的方式做事,并不意味着每个人都应该这样做。但成为父母也是一对夫妻反思自己做事方式的机会(周围的家庭成员可能难得有机会见证这些)。

不可避免地,这个过程不会总是那么顺利。可能需要制定一些新的界限、新的传统、新的做事方式,在旧日的家庭关系和做事方式的背景下,这些都会让人感觉非常不同和新鲜。

即使像去爷爷奶奶家吃午饭这种小事,也会引起这种情况。孩子们几点钟吃饭?和大人同一时间吃吗?所有人可能都想坚持自己的想法。

我曾与有这种情况的双方都合作过——孩子的父母和祖父母。双方都会觉得对方没有考虑自己的感受,给他们之间的相处带来了压力。如果在夫妻内部,无论是老一辈还是年轻一代,他们对如何处理这个问题意见不一致的话,这种感觉就会变得更加复杂。当孩子自己成为父母,组建了自己的家庭后,整个大家庭也许得做出一些调整。不仅是父母,兄弟姐妹之间的关系可能也很复杂,而且会引起矛盾和冲突,因为来自同一家庭的不同孩子,对自己家庭的做事方式会有不同的想法。夫妻双方如果能够分解和处理他们自己正在经历的压力,似乎会有助于缓解这些外部的压力。

刘易斯(Lewis)和贝尔(Bel)有一个6个月大的孩子,名叫丽塔(Rita)。贝尔休了产假,但即将重新开始她的兼职工作了。刘易斯是全职工作,而且工作时间很长。贝尔休产假期间与刘易斯的母亲朱莉(Julie)相处了很长时间,朱莉比贝尔自己的母亲住得更近一些。贝尔觉得这对他们夫妻俩很有帮助,所以他们商量着贝尔上班的时候,朱莉可以偶尔来照顾丽塔。

贝尔的妈妈雷切尔(Rachel)来看望她,空气中充满了紧张的气氛。贝尔一直担心她妈妈可能会因为朱莉在这儿而不高兴。她无意中听到她妈妈在和丽塔玩儿时说:"雷切尔奶奶和朱莉奶奶一样爱你"。贝尔原本希望她妈妈不会在意朱莉来帮忙,但听到这句话后,她意识到妈妈可能是很在意的。

贝尔和妈妈平时很少会谈论彼此的感受和想法。这真的让她有点儿为难,她和刘易斯谈起了这件事,刘易斯说她必须想办法和她妈妈谈谈,让她放心,两边的爷爷奶奶之间没有竞争。起初贝尔不愿意,觉得这不关刘易斯的事,但后来她想了想,觉得刘易斯可能是对的。这种谈话并不容易,但刘易斯的鼓励让她信心倍增。他们夫妻同心,成功地处理了这件事,相互支持,相互倾听。

当一对夫妻有了孩子后,不仅是他们个人的成长,也是他们所处的整个家庭的成长。对此,不同的夫妻可能会有不同的反应。如果一对夫妻能够齐心合力地处理大家庭中发生的事情,乐于倾听彼此的经历,将有助于他们把握事态的发展和潜在的爆发点。

反思时刻

◆ 你们是否期待从大家庭中获得帮助?你们会互相讨论这些吗?

角色

当一对夫妻成为父母后,谁做什么的问题就会爆发。当夫妻俩商量好如何共同照顾孩子时,"谁做什么"之类的对话就变得简单(或不那么简单)了。那些看似简单的事情,比如上厕所、出个门或去干点儿什么感兴趣的事,现在都变得复杂了,因为你之前可以独立完成的事情,现在可能需要对方来帮忙了,就像我在引言中所说的,洗个澡也会很麻烦。

对于哪些是需要做的事情,大家可能有不同的想法和认知。如果一个人比另一个人花了更多的时间来照看孩子(经常都会是这种情况),他可能更清楚尿布包(或书包)里有什么,接下来该做什么。当伴侣似乎不知道该做什么时,会让人很心烦。这种情况引发的吵架让我们意识到需要想一些办法来更熟悉这些事情。然而,正如人们对家庭的整洁程度看法不同一样,在育儿方面需要做多少事情,可能每个人也会有不同的想法,而且可能双方都很坚持自己的想法(从你们的争吵中就已经意识到了)。如果双方都可以耐心真诚地通过对话让对方理解自己,来化解这些差异,一起合作就会容易多了。

父母双方都在工作时,谁来照顾孩子的重要谈话可能会很敏感和困难。婚姻中的一方可能会比另一方需要放弃更多的身份。有些问题是非常具体的,例如钱,但这并不意味着就不需要去考虑其中的感受。一对夫妻需要共同找到一种语言,来描述他们感觉错过了什么,或者感觉失去了什么。

基兰(Kiran)和亚历克斯(Alex)是一对四十出头的夫妻。基兰是一名自由音乐家,亚历克斯在广告公司工作。亚历克斯的工作时间很长,上下班时间也不固定。他们只有一个孩子——霍莉(Hollie),刚刚开始上学。他们觉得是时候寻求一些婚姻关系方面的帮助了,因为他们经常会吵架,尤其是涉及双方承担的不同角色。

亚历克斯谈到,她长时间不在家,而基兰能够和女儿待在家里,她觉得愤愤不平。亚历克斯知道他们别无选择,必须得有收入,但她真的很难过,因为她错过了与霍莉在一起的时间。

亚历克斯：这不是我想做的事，我希望你明白。

基　兰：是的，我知道，但这是我们现在的实际情况，因为你收入高一些，所以还是应该由你出去工作。

亚历克斯：你有没有想过，我多么希望我能在你的位置上？

基　兰：当然，但说实在的，你有没有想过，当你下班回家时很累，心情不好，我和霍莉度过了漫长的一天，还得为你准备晚餐，这对我来说有多困难？

虽然这对他们来说很难，但能够听到和说出双方的不满是极其重要的。通常情况下，基兰会觉得要气爆炸了，会为自己辩护，完全站在自己的立场上，这让亚历克斯更加生气。两个角色显然都很重要，但这对夫妻陷入了一场永远不会感到满意的谈话中，因为他们每个人都在不断地反驳对方角色的重要性，强调他们自己角色的重要性，让人真正痛苦的是，这个角色还不是亚历克斯想要的。他们需要做的是找到一种方法，让亚历克斯觉得她的愤恨得到了认真对待。

基兰：我知道这不是你想要的，你觉得很难过。我对此感到很遗憾，也很抱歉事情并非如你所愿。我知道我这边有很多问题，让我没办法找到稳定的工作。既然霍莉上学了，我需要研究一下这些问题并解决它们，我希望这样做能够帮到你、支持你。

当亚历克斯觉得基兰真的理解了她的感受时，当他们可以开始分享对现状的遗憾，而不是只去埋怨另一方时，他们之间的关系就发生了变化。

亚历克斯对于赚钱养家的感觉也很复杂。她一直决心要在经济上独立,为家人提供生活所需,但当他们开始谈论这些问题时,她看起来更需要精神支持,也表现出了更加渴望得到照顾的感觉,也许她自己要更费力才能表达出来。

正如我在第 3 章中所讨论的,分担工作这一方面非常容易产生各种各样的不满和怨气,当一对夫妻成为父母后,双方都觉得自己忙得不可开交(这是在洗碗之前),很难腾出空间表示同情或相互认可,因为他们都渴望自己可以得到对方的认可。或者你们可能会觉得真的比伴侣做得更多,有些事情伴侣甚至不知道,绝对不会像你们一样在半夜还在想——比如,孩子昨天带去学校的果酱罐。

有时,如果父母之间的怨恨没有消除,他们会对孩子们感到恼怒,因为这是一个无法摆脱的角色。这又回到了夫妻内部人力资源职能的需求(现在升级为部门了),有助于夫妻了解他们对劳动分工的感受,看看是否有可以改变或调整的方面。如果事情无法改变,至少夫妻双方可以认可这一点,并表达对彼此的感激。

这些问题都不是一成不变的——有些情况下需要重新分工,比如,一个人得按规定期限完成工作,或者身体不适时,伴侣的育儿任务就增加了。每个人都需要向对方描述这对他们两人来说意味着什么——可能不需要长谈,仅仅是认可对方做了哪些额外的工作。

其他的角色

我已经提到过,在育儿的过程中,我们很多时候要扮演不同的情感角色,其中一个人更担心,另一个人会更放松。让我们回到最喜的老话题——孩子应该花多长时间玩儿手机？可能一位家长坚持认为玩儿手机是有害的，并担心其影响，而另一位家长就没那么紧张。

夫妻在这方面很快就会两极分化。焦虑的人可能会觉得必须要强调这种焦虑，伴侣才能听到他们的想法。更放松的一方则觉得伴侣太紧张了，于是他们干脆自己就更放松了。一个循环就这样开始了，没有人能真正去思考这个问题。

我并不是说在做父母的过程中不能有不同的角色和风格。我的孩子们总是希望我丈夫去推他们荡秋千，因为他推得比我惊险刺激得多，也高得多！不同风格的父母对孩子们来说是有趣且有益的，可以让孩子们以不同的方式来挖掘自己的潜力。但是，如果一个人总是坚持扮演那个更担心或更谨慎的角色，那么另一个人可能很难会去想有什么需要担心的，进而就有可能在自己的角色里陷得更深。

鲁比：为什么总是我在意他们什么时候不使用手机了？你不在乎吗？

戴夫：你能冷静一下吗？他们很好！

戴夫对鲁比的评论感到非常恼火，他想证明自己的观点，而不是做鲁比想让他做的事。鲁比一小时后回来时，孩子们还在看手机。

对比一下：

鲁比：你认为他们应该什么时候离开手机屏幕？

戴夫：我不知道——45分钟怎么样。

在第二个例子中，鲁比可以不做决定，让戴夫参与其中，而不是让鲁比一个人来解决。

> **反思时刻**
>
> ◆ 作为父母，你们对劳动分工有什么看法？

忙来忙去

在第4章中，我提到了马修和凯西的例子，他们商量如何达成马修骑行的愿望，同时又能满足凯西渴望两个人共度一段时光的要求。快进到马修和凯西有了孩子的时候，这场争论会变得更加复杂。现在，他们的需求不仅要在夫妻之间，还得在家庭责任之间重新调整了。所有的忙来忙去有了更多的意义。已经建立起的自主和独立的平衡可能会被严重破坏。在这种情况下，马修可能仍然想去骑行，但这会对凯西产生更大的影响；而且凯西也会觉得好像她要做更多的事情了。养育子女的责任可能会让人不得不放弃某些东西。如果一对夫妻能够一起惋惜怀念一下那些美好的过往，而不是只觉得这一切都是伴侣造成的，那就会好得多。

我们经常在家门口看到这样的争吵：一对夫妻在其中一个人回家的时候就发生冲突了。不光是因为分开的感受，也许还有一种对各自不同的一天以及所处的不同世界的嫉妒或愤怒，一个人在家照顾孩子，另一个人外出工作（或外出娱乐）时，应对这些忙来忙去可能会更加困难，需要更多的沟通和计划来了解它们的含义。现在制定计划时需要考虑到照顾孩子的所有安排。沟通是其中的一个关键部分，不仅仅是"对不起，我要出去了"，更重要的是"你觉得我下周出去怎么样？我们要怎么做呢？怎么做才合适呢？"夫妻中某个人回家的时间如果比他们说的晚（或者在外面待的时间比他们说的长），那就可能会发生冲突，可能会爆发一些从未在他们之间出现过的情绪，而且会非常强烈。

这种情况下的争吵说明了此刻的强烈情绪需要有人安慰。修复性对话就变得非常重要，可以改善夫妻双方处理问题的方式，创造空间来思考他们不同的感受。

比娜和马可吵了一架，马可和朋友出去了，回来得比他之前说的晚。

比娜：很抱歉，我也不想吵架，但我很生气你回来得这么晚。
马可：反正你都睡着了，这真的有什么影响吗？
比娜：是的，这关系到孩子，而且第二天你又会头痛恶心，对谁都不好。
马可：我知道，但有时我只是想去放松一下。
比娜：嗯，我什么时候可以放松一下呢？
马可：很明显，我们需要留出点儿时间来。
比娜：现在是不可能的，我有一个蹒跚学步的孩子和一个小婴儿。
马可：如果我们计划一下，我相信可以有办法让你出去放松一下。
比娜：但我不想出去，我太累了。
马可：无论我怎么说你都不高兴，你想让我做什么呢？
比娜：我不知道，只希望你能理解你出去时我会很难。
马可：好的。
比娜：我还是希望你能对我有一点儿感谢的。
马可：那是当然！能出去一趟对我来说很重要。我感觉好多了。生活如此艰难，不是吗？

很多夫妻都有类似这样的争吵,在这样的对话中,他们可以表达不同的感受,这样,他们可以更好地为下一次做准备。这会持续一段时间,因为他们找到了解决问题的方法,而不是坚持他们开始时认为的"对的"东西。当马可说"生活如此艰难"时,是以一种更富有同情心和幽默的方式来看待他们的处境以及他们自己。生活真的很艰难,失去独立自由的感觉可能很强烈。生活不再像过去那样自由和轻松,夫妻需要一起来怀念一下那些美好的过往。有时候,婚姻可能会是一个吐槽这些情绪的好地方——把这种因为责任的束缚而产生的,无法避免的,甚至可能是幽闭恐惧的感受归咎于你的伴侣。通常,一个人觉得身体或精神上能有片刻的休息时,唯一的可能就是因为对方把烂摊子都收拾了。有时,他们会在这个过程中筋疲力尽,尤其是周围没什么亲戚可以帮忙的时候。这些复杂的感受很难应对,也很难向彼此描述。

阿尔(Al)一个人来接受治疗,有些沮丧。他脸色苍白,看起来很忧郁。阿尔说他和伴侣尼莎(Nisha)有一对两岁的双胞胎女儿。他谈到了过去两年间是如何的筋疲力尽,他们几乎没有了两个人的共享空间,经常朝彼此发火,觉得生活都没有乐趣了。阿尔一直想着俩人单独做点儿什么,尼莎却拒绝了。他觉得尼莎变得很无趣,心里只想着孩子,没有任何变通的余地。要是他想自己去做点儿什么,永远得商量很久才行。他并不介意尼莎自己出去,尼莎有时也是这样做的。但他们从来没有单独在一起的时间,这很令人失望。阿尔觉得自己坚持不下去了,但又不知道能改变什么。他的医生建议他们俩来心理咨询,但他是自己来的,因为他们没找到保姆。也许尼莎下周可以自己来。

我对他说,他们的情况在我的治疗中会一遍一遍地上演——如果另一个人不照顾孩子,他们几乎不可能自己去做什么事。

对他们而言,进入作为夫妻的空间,而不是两个一起照看孩子的人的空间似乎真的很难。阿尔似乎把这一切都归咎于尼莎,说是尼莎让他们失去了生活的乐趣。他把尼莎描绘成一个控制欲极强的扫兴鬼。

第二周,当我见到尼莎本人时,她看起来与阿尔所描绘的那个乐趣决策者完全不同。我觉得她看上去同样伤心,也渴望两个人有单独相处的时间。尼莎解释说,并不是她不想出去,只是不知道该怎么办。如果连她都受不了和双胞胎在一起,她怎么能相信其他人呢?他们身边没有家人可以帮忙或照顾孩子。

看起来,与这对夫妻一起见面似乎很重要。尽管部分问题是他们无法为自己腾出时间,但我需要更深入地了解,因此我们商定每周找一个晚上,在双胞胎睡觉后在线聊天(这是疫情之前的事,那时在网上咨询还不是很常见,现在已经变得更加普遍了)。

问题是多方面的。但有一个问题很突出,这就是阿尔把这一切都归咎于尼莎——如果她能改变态度,一切都会好起来,他们的夫妻生活也会恢复。当我们讨论这件事时,可以看出这不太公平。

两人都谈到了生双胞胎的巨大压力。他们觉得很难表达这一点,因为他们担心会增加对方的压力。尼莎想把一切都安排好,以调节这些情绪,阿尔想暂时离开一下。当明白了他们的反应其实是事情的两面时,他们不仅感到宽慰,而且感到他们在分享一些东西。他们意识到彼此埋怨没有任何意义,可以互相倾诉和分享的感觉让他们决定去找一个他们信任的保姆。

对于那些筋疲力尽,只想在一天结束后上床睡觉的夫妻来说,多关注一下双方的关系,为"约会之夜"腾出点儿时间这个建议可能太老套了。他们可能觉得两个人分担照看孩子会更省事儿,一个人看孩子时,另一个人就休息,这样大家都会有空余时间。当然,这种安排可能是唯一的选择,但它会让夫妻们筋疲力尽,耗尽他们共同的身份认同感。一方为了独立而离开另一方时,也会激起嫉妒的情绪。两者都很重要——齐心合力一起做事，同时又相互支持彼此的独立。在我看来，"约会之夜"的想法更多的是一种心理状态，即使只是偶尔觉得他们像一对夫妻，也不会是两个人一直在一起带孩子，别的什么也不干。可能只是一些平淡无奇的事情，比如孩子们看了半个小时的电视，而夫妻俩腾出时间边喝咖啡边聊天（而不是花时间去做家务）；或者在街上溜达15分钟，而宠爱孙辈的祖父母也可以慢慢习惯照顾他们的孙儿；不需要搞什么大动作，比如离开一晚或出去吃一顿豪华晚餐——事实上，离开一晚对一个小婴儿来说可能也太久了。

随着时间的推移和孩子的长大，事情可能会发展和变化——但是，可以理解的是，有些时候，年幼孩子的父母很难想象其实他们可能会有更多的空间。重要的是要提醒彼此注意你们之间的关系，腾出一些时间来呵护这些关系对孩子也很重要。

反思时刻

◆ 你们如何看待责任的增加？你们如何看待这是两个人的共同责任？

支持的重要性

在尼莎和阿尔的例子中，他们的大家庭不在附近，帮不上他们什么忙。当一对夫妻的大家庭都住得比较远（这很常见），感到孤独或缺乏支持时，他们很难体验到"举全村之力养育一个小孩"这句老话。这不仅是因为有一个奶奶或姐姐来照顾孩子会有帮助，而且是因为成为父母会激起自己也想被照顾的强烈感受。周围没有那个"村子"，唯一可以寻求帮助的，感觉可以照顾他们的人就是他们的伴侣——可能伴侣自己也有完全相同的感受！所以你会遇到这样一种情况：两个人都渴望得到照顾，但他们都筋疲力尽，没有任何帮助可以提供给对方。

这可能不仅仅是地理上的靠近。当一个人与父母或大家庭没有信任或亲密的关系时，这种在成为父母后想得到支持的感觉可能会让人无法忍受。对家庭关系中没有起到作用的那些旧日失望，会再次浮出水面。

例如，一个没有父亲的人，可能会因为自己的孩子没有祖父而感到极度悲伤，因此他们必须要处理自己以及自己和孩子之间的感情。

这一切都与成为父母有关，因为如果大家庭不在附近，夫妻关系往往会受到严重影响。那些无处安放的糟糕情绪，就只能向对方发泄。

当我在工作中面对这种情况时，不仅要考虑并理解他们的感受，还要切实去思考如何弥补缺失的支持。如果没有大家庭的帮忙，就需要计划一下，看看周围有没有其他人可以帮忙。

生活中除了工作和朋友之外，夫妻们还得学着去融入一个他们可能不那么迫切需要的团体——与其他同龄孩子的父母见面，努力去找保姆（这也可能很难），加入当地的幼儿游戏班。上述这些都可以获得更多的支持和帮助，从而缓解双方关系方面的压力。认识其他父母也很重要，这样你们就可以知道其实每个人都在努力，而不是只有你们自己在努力。

反思时刻

◆ 你们的支持关系网是什么样的？如果感觉有点儿薄弱，你们打算怎么一起努力改善它？

沿途的变化

父母是一个全新的身份，阿尔和尼莎不得不考虑如何在面对沉重的育儿责任时保持夫妻的身份。在疫情封控期间，居家教育的父母觉得除了父母和家庭用人的身份之外就没有其他身份了——他们是不是一对相爱的夫妻已经不重要了。

对于一些夫妻来说，共同父母的身份比夫妻的身份更适合他们，因为这可以避免夫妻关系中可能引发的一些困难情绪或亲密关系。有时我会遇到一些夫妻，他们的孩子即将中学毕业或者离开家，他们都会有些心慌——因为他们将再次只能和伴侣在一起了。

一些父母谈到自己是一台运转良好的育儿机器，他们太过专注于如何顺利地处理他们之间的一切，以至于所有其他的想法，包括他们作为一对夫妻的想法都会丢失。通常，在这一点上，一对夫妻会觉得他们的关系已经一无所有。他们作为一对夫妻的身份可能已经因为关注养育子女而转移，甚至被侵蚀，对一些人来说，重新找回他们的夫妻身份是一项艰巨的任务。当夫妻可以一起找回他们之间失去的东西时，夫妻关系才会有进展——也许这会激励他们努力重新建立夫妻关系，也可以怀念一下他们之间不再可能发生的那些事情。

夫妻需要升级，才能为新降临的孩子腾出空间，他们也需要随着孩子的成长和变化而重新调整。我想起自从我的孩子出生以来，我家的布局和家具一直都在适应孩子每个年龄段和阶段的需要——搬进他们自己的房间，从婴儿床到成人床，在地板上腾出空间来放玩具，当他们想更独立地玩耍时，又把所有的玩具都搬回卧室！同样地，夫妻需要活力满满、灵活变通，来熟悉并接受这些碍手碍脚的转变和变化。开始上学了，无论是小学还是中学；青春期的开始；从需要妈妈或爸爸到需要朋友；离开学校。所有这些变化都需要父母围绕他们重新调整适应。有时是孩子们的变化让父母紧张。夫妻寻求彼此的帮助来处理这些变化很有意义：向你的伴侣发泄对孩子的怒气，或者彼此怀念一下孩子刚刚上学时候的样子；接受空巢的感觉并共同思考下一阶段的生活。共同思考这些变化可以帮助夫妻双方化解问题，并轻松过渡到下一阶段。这与前面沟通的想法有关——需要一个这样的平台，让对方知道每个人作为父母的不同经历。

反思时刻

◆ 你们关系中的哪些方面与成为父母无关？

性生活

从开始讨论要为人父母的那一刻起，性生活就会受到影响。对怀孕的焦虑可能会影响一对夫妻的性活力，而怀孕的压力可能会给他们的性生活带来不同的影响。怀孕期间，夫妻双方对性的感觉会大不相同，会让人很意外。

如果一对夫妻成为父母，不仅性生活会更加复杂（例如，寻找时间和空间与彼此亲密），他们的身体状况也可能会更加复杂。如果分娩时很困难，一个女人的身体还没有恢复，对性生活就会有影响，而且需要顾及这种影响。父母双方有时候会特别累，有时候很有性欲。一种常见的情况是：一个人下班回家后，渴望得到一个拥抱或身体上的关注，而另一个人则渴望有自己的空间，不喜欢一整天都被拥抱，或者每次上厕所都有人跟着。这会让双方都感到沮丧，而且会因为希望的错位而产生疏离感。

当一对夫妻了解了他们的身体和生活的新情况时，性可能真的就会被错过，而且还意味着你们会错过其他东西，因为现在你们已经不仅仅是夫妻了。你可能会有一点儿心烦意乱，觉得伴侣现在对别人充满了爱和体贴，而不是对你。

当一对夫妻成为父母后，优先事项不可避免地会发生变化，但大家可能会有不同的看法。现在有了孩子了，其中一个人可能会觉得性不太重要了，而另一个人会觉得仍然很重要。当有更紧急的事情时，花时间照顾自己的身体对其中一个人来说可能会变得不那么重要，但另一个人会觉得很重要，而且需要讨论。

"卧室门上的锁"既实用又具有象征意义。夫妻不仅需要考虑保持卧室的物理隐私，如果性生活对他们来说很重要的话，他们还得努力去维护。就像上一章讨论的那样，这需要用心和灵活的方法：要有耐心和对话，了解什么适合（或不适合）他们；对身体变化的敏感性；协调一下什么会让（或不会让）某人有性爱的心情，并且找到保持性关系的方法，即使有来自各方面的压力。

反思时刻

- ◆ 成为父母后，你们的性生活怎么样？你们会一起讨论这个问题吗？

成为父母的挑战

做父母是一件复杂的事情。对夫妻来说，成为父母的过程可能也非常困难，即使他们在经历了一段艰难的旅程后成了父母，他们也会受到一些很复杂的影响。如果孩子由于健康原因需要特殊照顾，会给他们带来巨大的压力，他们就很难顾及双方关系的某些方面。如何沟通这一点很重要，同时也要一起想办法怀念一下那些不再可能的事。

詹娜（Jenna）和罗斯（Ross）有两个孩子，一个5岁，一个1岁。他们来接受治疗是因为他俩在"交流"中苦苦挣扎，都觉得对方没有听他们的。他们觉得自己被疏远了，就像养育孩子的机器人一样，没有任何共同的情感生活。直到在治疗中敞开心扉后，詹娜才提到，在他们的第一个孩子出生后大约一年半，她流产了一次。两个人都表示，他们很快就振作起来继续生活了，尤其是当他们又有了一个孩子时。但我想知道他们是否谈论过这件事，他们说没有。当时感觉太难受了，后来詹娜又怀孕了，就觉得没有必要再谈论了。

这并不是他们觉得不想听对方说话的唯一原因，但这是一件值得思考的很重要的事情，因为这是他们一起经历的一次失落，詹娜说流产后的情况真的很糟糕，罗斯说他对此感到很内疚，但不知道如何恰当地提出这个问题，他也觉得很伤心，觉得自己不能提起这件事。如果他们要从这种疏离感中走出来，相互理解他们深埋在心中的这份痛苦是非常重要的。最近的一项研究表明，在流产后，女方往往会忽视此事对伴侣的影响，但伴侣受到的影响其实比想象中要大，每12个伴侣中就有一个会在妻子流产后遭受创伤后压力。

接受不孕症治疗也会让夫妻感到疏远，因为经历过怀孕过程的人的感受与没有经历过的人会大不相同。夫妻如何才能向对方描述这种感受呢？没有经历过这个过程的伴侣是否会觉得他们需要讨论一下彼此的感受呢？

我敏锐地意识到，那些在疫情期间成为父母的人被隔离后，无法获得正常的服务，在她们分娩或进行B超检查时，甚至在她们听到非常糟糕的消息时，她们的伴侣都不被允许进入房间。这些都是夫妻们需要处理和考虑的一些很重要的经历。

> **反思时刻**
>
> ◆ 你们有没有考虑过相互支持，一起处理你们成为父母的旅程中曾经发生或者正在发生的那些困难？

分居后的父母关系

我经常遇到正在分居的父母，其中一些人是因为这本书中讨论的问题而分居，另一些人则是因为其他原因。过渡到共同育儿需要时间，他们之间的任何未解决的冲突都可能会影响到共同育儿的关系。例如，如果一对夫妻在某个特定领域发生了冲突，那么这些冲突很可能会在共同育儿的过程中表现出来。转变到共同育儿需要另一种不同于当前形式的升级——理解为了孩子而合作的必要性，同时不要再陷入你们之间往日的那种互动。本书没有深入讨论成为继父母（或伴侣成为继父母）会遇到的困难，但这是夫妻之间经常出现的一个问题或吵架的原因，要让其中的每个人来分担这些困难。不管是有意的还是无意的，这也许不是任何一方能想到的情况，夫妻之间需要接受的一些事情可能会很痛苦，也可能会引起很大的抵触——"当你的孩子这样做的时候，我很难忍受"——但关键是夫妻双方可以向对方说明原因，并一起找到解决办法，把对方的孩子当成自己的孩子。

洗碗的情况又会怎么样？

要洗的餐具肯定更多了，但留给你的时间却更少了——这象征着一对夫妻不得不适应的艰难现实,他们的关系已经因为孩子的到来而改变了。未清洗的盘子可能被解释为需要紧急处理的混乱,或者可能被更友好地解释为改变了的优先事项——盘子要等一等,因为还有其他更紧迫的事情需要解决。适应这种新的生活方式需要时间;温柔待人、温柔待己,一切都会变得容易得多。

小结

本章甚至没有开始讨论成为或将要成为父母的复杂性,但我希望本章可以让我们明白,成为父母的过程中遇到的困难都是情理之中的,而且这五种争吵可能会加深彼此的感情。这需要夫妻双方的共同努力,适应新的复杂情况,坦然接受已经发生的变化(以及享受现在可能的一切)。努力保持亲密感,关心彼此的不同反应和感受会有助于巩固双方的关系,在身为父母的这条路上,无论经历什么样的风霜雪雨,都要坚持下去。父母能够相互体谅,整合他们的不同想法,并努力找出最优方案,这对孩子来说是非常珍贵的,因为这本身就创造了一种有利于孩子成长的氛围。

> **反思时刻**
>
> ◆ 你们(孩子所处)的家庭气氛怎么样?
> ◆ 你们之间的任何互动影响到孩子了吗?

在该领域行之有效的若干建议

- 专注于善待彼此（以及自己）。
- 腾出时间过二人世界，享受夫妻身份的另一面。
- 感谢夫妻双方对家庭生活做出的不同贡献。
- 了解夫妻双方对自己成长过程的感受。
- 对育儿有不同观点时，试着退后一步，了解这些想法的深层原因，以及它们与彼此成长经历的关系。
- 齐心合力处理与大家庭的界限。
- 一起讨论夫妻双方所看到的性关系方面发生的变化。
- 建立可以获得支持的关系网。

孩子需要什么

- 可以齐心合力、努力解决分歧的父母。
- 父母会认真考虑沟通的时间以及沟通方式对孩子的影响。

离　婚

　　我做了6年的家庭律师，现在在一家专门的离婚和分居诊所做治疗师（有一段时间了），我耳闻目睹了夫妻离婚的种种原因，也见过各种不同的处理方式。有些离婚似乎出乎意料，让被蒙在鼓里的人感到震惊和痛苦。有些是夫妻双方经过长时间共同协商后达成的更为一致的决定。有些离婚是由其中一个人决定的，一直想离，多年来就是在等着伴侣同意。有些离婚尖酸刻薄、充满愤怒，这是一种处理因失去伴侣而引发的焦虑的方式，有些是在一种更悲伤的氛围中进行的，对问题听之任之，少有指责。有些夫妻离婚后变成了共同监护人，一起合作、共同抚养孩子；有时这种转变更难，孩子们会遭罪，因为他们的父母为了自己的利益最大化，不能齐心协力，或者以一种无益的方式离婚。

　　我选择前述这五种特定争吵的原因之一是，这些争吵通常是那些即将离婚的夫妻试图解决，但却没有找到好的解决办法，不好解决的问题：沟通困难；对夫妻角色累积的怨恨；性生活不协调，一方最终出轨（甚至在无过错离婚①之前，在离婚申请书中对伴侣不做家务的投诉也并不罕见；这些都是非常具体的文件，因此，虽然事实上可能并不是洗碗导致离婚，但对有些人来说，似乎的确如此）。

我已经放弃了努力

有时情况可能是这样的，一方试图"结束"夫妻关系中的某些东西，或者试图进行"他们需要的争吵"，但伴侣不愿配合。

欧文（Owen）和科琳（Corinne）在科琳宣布要离婚后来找我咨询。欧文极度伤心和震惊。他也不顾一切、尽其所能地想要说服科琳，科琳很清楚来做心理咨询对他们有帮助，她在考虑如何以最合适的方式告诉孩子，而不是给孩子任何幻想，以为她会改变主意。

他们描述了双方的关系。他们结婚 15 年了，科琳觉得他们在过去的 5 年里一直有问题，而欧文觉得只是在过去的几个月里情况有些糟糕。事实上，科琳提醒过欧文，大约 3 年前，她曾建议来咨询，但欧文不愿意。去年，她再次明确提出寻求帮助，但欧文觉得她对关于孩子的争论反应过度。她说，这只是一部分原因：他们似乎真的无法沟通了，即使她努力过，欧文也不感兴趣。科琳说，从那以后，她就断绝了和欧文的联系，因为她无法继续独自努力挽救这段关系了。她不准备再为之付出了。

欧文说，他们有过一段美满的婚姻，有过幸福的时光，他们的孩子快乐成功。他看不出任何真正的实质性问题，让科琳要采取如此激烈的行动。我想知道欧文不想寻求任何帮助的原因，他说这很难想象；

---

① 这项法案在 2022 年发生了变化，之前离婚时需要证明对方有过错，例如，在准备离婚申请书的时候，需要列出伴侣的不合理行为。现在无须证明对方有过错。

事后来看欧文意识到自己做错了。他觉得以前可能担心咨询会引发问题，而不是解决问题。我问欧文，在他的成长经历中，心目中的模范夫妻是什么样的，他说他父母的婚姻困难重重，充满了矛盾和冲突。这是他一直想避免的事情，事实上，当他遇到科琳的时候，喜欢科琳的一点就是，她不爱争辩，看上去很好沟通。科琳说她也喜欢这样的欧文，但近年来，她感觉到需要从婚姻中获得更多的东西。她想和欧文说话的时候，还得去敲一扇永远关着的门。"也许"，她说，"我表达的方式不对，但我不知道还需要怎么努力，才能让你知道我的感受。"

几年前，他们也许更有可能会注意到他们之间的问题——如果他们能找到更好的沟通方式，思考一下到底发生了什么（这正是他们"需要"的争吵）。但现在科琳已经没心思这样做了。她觉得自己已经努力把问题提上议程，并试图解决，但是根本不可能做到，她觉得自己已经逐渐退出了这段关系。欧文觉得非常痛苦和震惊，很难接受这种情况。

如果一个人希望"结束"夫妻关系中的某些事情，并且双方都能接受这个想法，那么这段关系可能会得以改善。然而，如果夫妻不能达成一致，最初提出这个问题的人可能不会再投入精力，会慢慢退出，就像上述例子中的那样。正如本书开篇引言所述，爱的对立面不是恨，而是冷漠。当夫妻中的一方或双方仍在努力改善关系时（常常以分歧收场），这表明他们愿意寻找方法共同前进。当提出问题的愿望因冷漠而消失时，依然表明一个人在这段关系中投入了很多精力，并希望找到一条出路。夫妻共同来接受治疗，分手时经常会说一些诸如"我希望我们两年前就来寻求帮助，但现在感觉太晚了"之类的话。

叫醒电话？

当夫妻遇到很难解决的问题时，需要一场危机来刺激一下。

有人说要离开了，但在某种程度上，这也许是最后一次试图表达他们多么渴望改变一些事。这也许是一场危机，秘密进行的事情被发现了，比如其中一个人有婚外情或一大笔债务。这也许是十足的破坏因素，但有时，它会促使夫妻思考事情是如何发展到这一步的，并努力解决。也许本书中已经讨论过的五种争吵之一在他们之间没有得到解决，而是破坏性更强地表现在了其他地方。例如，这可能涉及性问题，或沟通问题，也可能是应对各种纷繁复杂事情的困难。思考这些有助于夫妻找到前进的路，无论是一起努力还是一起怀念那些不可能的事情。有时婚外情的影响会让人觉得非常痛苦，感觉像是一种背叛，以至于根本不愿意去考虑别的问题；或者出轨的人已经放弃这段夫妻关系了，太过退缩，无法再继续下去。

这些危机对夫妻来说是痛苦的，可能需要支持；尤其是如果他们以前就无法解决他们之间的问题的话。

获得帮助

通常夫妻会努力解决双方关系中长期存在的一些矛盾，而他们之间反复的争吵或压力表明他们无法解决这些矛盾。我希望前面几章的叙述可以帮助他们将无益的争吵转化为富有成效的争吵，但要做到这一点真的很难，他们可能需要帮助，来找到一条前进的道路，要么一起走下去，要么分开。从某种意义上说，所有在治疗中寻求帮助的夫妻都在试图"结束"他们关系中的某些事情。他们也许是想结束一种无益的相处方式，或者结束一个在对方身上看到的问题（这个问题可能也是他们自己的一部分，而他们自己却没有意识到），这样做是为了创造一种新的生活方式，无论是在一起还是分开。

夫妻可以一起经历这个过程，努力解决他们之间的问题，虽然有困难，但是仍然要进行重要的对话，不管有没有帮助。如果他们真的分开了，感觉更像是自然而然的结果，而不会让其中一个人备受打击。一段重要关系的结束是一场危机，可能会在涉及其中的不同个体之间激发不同的反应，这取决于他们的性格和以往的经历。如果夫妻可以一起面对离婚的感受，会有助于他们的关系向前发展，当他们共同抚养孩子时，这一点尤为重要。另一方面，如果他们之间的冲突一直没有解决，很可能会阻碍他们共同抚养孩子时正常相处。

离婚？

我经常被问到的一个问题是："什么情况下一对夫妻就应该离婚了？"

有一些极端的情况，夫妻待在一起显然不适合他们或孩子的安全或健康。但如果没有安全或健康方面的原因，我就无法回答这个问题了。它取决于夫妻对什么是可控的或可取的有什么特定想法（当然，也许想法会各有不同）。这里没有"应该"，一方感觉"明显"错误的东西，对另一方来说可能感觉没那么"明显"。不同的人有不同的标准，不同的优先事项，对破坏因素有不同的想法，承受努力改变的能力不同，过去不同的缺失经历（会影响他们对离婚的态度），从父母那里学到的解决问题的不同模式。所以用一句话总结：不，这真的不明显。

夫妻或个人在考虑是否要离婚时，我可能会与他们一起思考如下问题：

- 你觉得哪里出了问题？
- 你想"结束"什么？分开能实现这种想法吗？
- 这个问题会不会和你也有关系？
- 事情是怎么发展到这一步的？
- 你有没有试着把它作为一个问题向伴侣提出来？如果没有，是什么阻止了你这样做？
- 为什么现在又提出来了呢？
- 这些问题是你一直在回避的吗？如果是，你觉得可能是什么原因？
- 这些问题和这种情况与你自己的特殊经历有关吗？你的家庭成员有离婚（或不离婚）的例子吗？
- 你如何积极有益地向伴侣提出这些问题？
- 这是你们愿意一起努力的事情吗（如果是，你们会怎么做）？
- 分居会有哪些困难？
- 你对分居或离婚的态度是什么？
- 你怎么考虑你的孩子/孩子们？如何以最好的方式支持他们？

作为一名夫妻关系治疗师，我的任务不是帮助夫妻在一起，更多的是去帮助他们发现哪里出了问题，他们试图"结束"的东西是什么，帮助他们思考什么可能是最好的前进道路。在下一章中有一些建议，如果你们需要帮助，可以去看一下。

分居对五种争吵的影响

夫妻可能会觉得五种争吵中的一些问题是他们之间无法解决的问

题，而结束彼此的关系本身就触及并突出了这些领域的问题。

沟通

夫妻之间的沟通问题并不会随着分开而神奇地解决；如果他们共同抚养孩子，那他们可能需要提升沟通技巧，以应对他们和孩子生活的新世界。可能需要更积极的努力，让彼此了解孩子们的生活，无论是他们上学需要的东西，还是在学校里发生的事情，为什么父母不能如往常一样接他们——类似的以前不需要积极沟通的各种细节。当夫妻彼此关系很友善时，误解也许更容易消除，但当一对夫妻不在一起生活时，不可避免的沟通障碍可能会让人感到有点儿震惊，可能需要比以往任何时候都更多的努力。也许还真的有必要交流一下关于离婚的感受。根据我的经验，我的建议是：在治疗师的帮助下，彼此交流这些感受会更有成效（代价更低），而不是通过司法程序（并不是说没有需要走司法程序的情况）。

家庭

离婚也许会影响夫妻与大家庭的关系。大家庭对离婚可能会有自己的感受，会以不同的方式表达出来。他们可能会更好地巩固他们自己的关系来排解失望；有时，当两个不同的大家庭针锋相对时，想到毕竟"血浓于水"，就可以更好地表达自己的感受。当然，如果有孩子参与其中，要是他们的祖父母和大家庭能够支持孩子们，更多地保持中立（不偏袒父母中的任何一方），父母之间的困难情绪就不会释放出来。当父母重新设定自己的角色时，孩子们才会有安全感。

离婚的原因，除了目前的夫妻关系之外，还与家庭经历中更深层的、未解决的渴望有关。结果也许会是，离婚并没有获得期盼中的解脱，同样地，离婚可能反映了一个人之前家庭经历的内在延伸。现在的失去可能会触及以前的缺失，对失去的感受也可能会与之前的经历有关。这些问题更微妙，就像第 2 章中肖恩的例子，是在个人治疗中可以更深层考虑的问题。

角色

夫妻之间的分享方式，无论是实际的工作量还是他们扮演的更微妙的角色，都需要重新调整——常常都出乎意料。一些人也许会觉得很惊讶，分手后他们发现自己在某个特定领域的能力比想象中要强，但之前已经把这个角色"委派"给了伴侣，或者相反，之前觉得比较轻松的角色，现在体验起来可能真的很痛苦。

忙来忙去

一段关系结束时所涉及的"离去"会触动最敏感的神经，正如我上面所说的，这些感受可能会与之前经历过的"离去"和缺失有关。如果有孩子，就会忙来忙去地处理很多事情，会让夫妻们触景生情。通常父母之间的"交接"会激起对这种情况的痛苦情感，例如不得不面对伴侣以及伴侣离去的艰难现实。人们经常说，如果他们再也不必见到他们的伴侣，那就容易得多了，痛苦的反而是持续的关系。

性关系

夫妻分手时，性关系可能已经恶化，但想到这种亲密关系的丧失，以及重新调整他们身体之间和共享空间的关系，也许会心生遗憾。一对夫妻很难以不同的方式共享空间——比如不进入彼此的住所，不能同时进入他们曾经共享的空间，作为共同监护人而不是爱人站在彼此身边，或者不得不忍受他们的前任在他们曾经共享的空间里有了新的爱人。这些都是需要重新调整的因素，但它们也象征着彼此不再共享的情感空间。

小结

一段关系的结束是一个过程，而不是当某人离开或提出离婚申请时发生的一次性事件。它是从哪里开始的？它可能是夫妻关系中没有解决的问题的一种累积——我在其他章节中已经提到了这一点。它可能开始于夫妻中一个人的成长，而这种成长因为婚姻本身的存在才变得可能。那它又在哪里结束呢？两个人不想在一起了，关系也就结束了，但事情或许没这么简单，问题可能会继续存在——尤其是作为共同监护人的时候，需要找到一种新的关系。这些问题都很复杂，所以，当提到"什么情况下一对夫妻就应该离婚了？"时很难直接回答。当一对夫妻能够花时间探讨并理解他们想离婚的愿望时，不论多么痛苦，都可以帮助他们看清楚前方的路，虽然这并不简单。

获得帮助

你可能在考虑是否要为你们之间的关系寻求帮助。夫妻们寻求帮助的原因有很多,包括:

- 你们在这份关系中没有安全感。
- 你们很难独自解决问题。
- 你们不像过去或期望的那么两情相悦。
- 你们之间的关系变得太过紧张。
- 你们担心双方的关系会影响孩子。
- 你们不能为想要的关系腾出时间和空间——生活看起来总是那么忙碌。
- 你们特别担心双方关系的某个方面。
- 你们之间发生了一场危机。
- 你的家庭医生建议说寻求帮助可能是个不错的主意。
- 你们正在考虑结束这段关系。

安全

如果你在婚姻中缺乏安全感,或者你觉得孩子也缺乏安全感,那么,寻求直接帮助是至关重要的。虽然我一直在讨论夫妻之间需要的一些争吵,但我必须强调,有些争吵是不安全的,没有发展的可能。比如当争吵威胁到一方或者双方的人身安全,或者他们的孩子需要迫切的关注时。如果你们之间的冲突很频繁、很激烈而且又解决不好,同时你们又有孩子的话,很可能就会影响到孩子们,这时就建议寻求专业帮助。如果你遭遇了随时都会发生危险的情况,就必须寻求紧急帮助。

对治疗的担忧

你可能想单独接受治疗,也可能想与伴侣一起。有时,人们想自己来,思考一下他们到底遇到了什么困难,然后再告诉伴侣。有时需要双方共同参与。没有什么正确的方法,但是经验丰富的治疗师会帮助你们思考什么方法有助于夫妻关系向前发展。

夫妻治疗的想法可能让人望而却步。与第三方谈论这些最私密的问题可能会感觉很奇怪或令人不舒服,也可能会让人不敢承认婚姻中也许有一些更容易忽视的问题。人们可能会担心治疗是怎么样的,会发生什么。治疗师会坐在那儿不说话吗?如果那样,我该怎么办呢?他们会问我有童年的创伤吗?如果我说了一些暴躁的话会怎么样?如果我让伴侣不高兴了怎么办?如果治疗师不理解或不尊重我的文化怎么办?如果治疗师与我看法不同怎么办?如果伴侣像他(或她)平时那么强势怎么办?如果治疗师站在我伴侣那边怎么办?如果孩子们发现了怎么办？如果我们的朋友发现了怎么办？单独治疗感觉很好，但如果我不得不进行夫妻治疗，是真的出了什么问题吗？

这些都是可以理解的、自然而然的问题，一个真正合格的治疗师应该能够和你一起探讨这些问题。如果你觉得单独治疗能提出这样的重要问题，那就会有帮助。

在我看来，夫妻治疗的最终目的是为他们提供一种特定的空间，让他们思考彼此的关系。有时他们与治疗师的关系也可以帮助他们思考彼此之间的问题。这不是治疗师判断谁"对"的地方（至少在我的实践中），也不是告诉他们让关系变得更好的准确步骤。相反，在这个空间里，夫妻可以与第三方一起从外部思考他们的关系，以及他们的互动方式。治疗师能够实时地看到和感受到夫妻之间发生的事情，然后可能会与夫妻分享经验，这样，夫妻可以用新的眼光来看待问题。这是一个充满好奇的空间，治疗师可能会在其中提问，以帮助夫妻勾勒出各自的背景和经历，试图与他们当前的经历建立联系。这也是一个宣泄困难情绪的地方，提醒他们之间的夫妻身份。有时这个空间会让人感觉困难和痛苦，有时又让人觉得好玩儿（附录1中有更多关于我工作方式的介绍）。

找到一个好的夫妻治疗师感觉就像是中了彩票。要找那些在公认的治疗机构注册或认证的治疗师，或者就找一个纯粹的治疗机构。有些治疗机构是培训机构，这可能意味着给你治疗的是正在接受培训的学员。但是，学员有机构的经验支持，可能更实惠。如果你自己去咨询治疗师，恰巧治疗师接受过夫妻治疗培训，可以从你们夫妻之间互动的焦点出发来思考问题，这会很有帮助。

在第一次会面时，你可以了解治疗师是如何工作的，他们的方法可能是什么，如果最终在这个空间接受治疗，你是否觉得自在舒服。可能你会被问为什么来这里，然后你们会一起思考这个问题。你们还将讨论一些实际问题，比如治疗的频率、费用，以及当你们无法来治疗时该怎么做。

治疗并不总能在短期内见效。有时初次治疗不仅不能安抚或解决问题，反而会引起不愉快的感觉。治疗工作的一部分就是与治疗师一起思考如何处理出现的困难情绪。

夫妻有多种不同的寻求帮助的方式。有些夫妻觉得偶尔的关键时刻有助于安全地提出问题，有些夫妻觉得一系列简短的重点讨论会有所帮助，还有些夫妻觉得在较长时间内努力了解他们的问题会很有帮助。这些因人而异，可以在初次谈话时讨论，也可以在后面进行回顾。

9

尾 声

在疫情封控期间,一条关于夫妻的推文在网上疯传,上面写道:"我和妻子在封控期间玩儿了一个有趣的游戏,叫作'你为什么那样做?',结果谁都没有赢"。对我来说,这似乎象征着所有婚姻本质上必不可少的矛盾。"我的方式还是你的方式"这个问题,是夫妻关系中一生都要面对并努力解决的问题。

正如我在开篇所说的——像那张完美的床垫一样,本书并非要提供一个完美的夫妻关系版本,让每个人都可以一直随心所欲,因为这根本不可能。但我希望提供一些思考方式,至少可以创造一种氛围,让人们更容易处理夫妻关系中不可避免的冲突和固有的问题。我希望这五种争吵,关于"我的方式还是你的方式"的五个领域可以成为指南针上的五个点,指引夫妻去理解他们正在努力解决的事情,帮助他们从外部来看待彼此的关系。

我们与伴侣争吵时,就是在说"这是我的方式"。一场争吵也许就是试图证明你的方式是正确的——或者说服伴侣接受你的方式,或者让你的观点不受伴侣的影响。无论什么时候发生争吵,都是夫妻互相学习的机会,了解他们彼此关心什么或在想什么。如果他们可以花点儿时间,在事后反思这些交流,就有机会消化理解彼此的想法,也许下次就没有必要坚持"这是我的方式了"(正如我在培训时,我聪明的导师对我说的那样——"夫妻不可能不吵架,那根本不现实。但可以改善的是,能够更快地从争吵中恢复过来,并从中吸取教训。")。

当然,这不可能只是一个人的方式;至少不会一直都是。夫妻关系所需要的可能与我们通常认为的"正确"的做事方式截然不同。从"正确的"转变为"适合我们的"(我们的方式)需要创造力。要想实现这一步,你可能必须得放弃事情应该是什么样的想法,或者至少要修改一下。但是,如果你愿意为之而放弃自己想法的那个人知道这对你来说有多重要,那么放弃就容易得多了。所以,彼此倾听、相互认可是非常重要的。

短时快乐很容易获得。最近,我请孩子们吃了一次外卖比萨,八分钟就送到了……我甚至不清楚这怎么可能做得到。但这就是我们生活的世界,需要明白,夫妻关系想要得到这么迅速的满足并不容易。如果随大流地认为夫妻关系不需要用心,不会彼此误会或生气,或者生活会按照我们想象的方式进行,就会让夫妻产生不切实际的期望,结果可能会非常令人失望,这时你或许希望会有一些神奇的应对策略。通过思考这五种不同的争吵,我更想表达的(觉得更有用的)是,夫妻需要让他们的想法和期望更符合实际,也需要更全面更努力地去考虑。例如……

沟通

- 你们或许不能读懂彼此的心思（或者因为这个原因接不上话）。
- 如果在争吵时，总是提及某个问题，很可能表明需要特别关注它（不同于已有的关注）。

家庭

- 你们有着完全不同的成长经历，其中一个人觉得简单的事情，对另一个人来说也许会觉得复杂或敏感，即使不需要一辈子，也需要一段时间才能更好地理解这些差异。
- 如果你们认为现在的关系会纠正以前关系中的所有失望，那多半可能会让自己失望（甚至自己可能都没有完全意识到），虽然它可能会有点儿帮助。
- 你的伴侣对你家庭的感觉不会和你一样，你可能需要帮助他们——包括重新定义你和家人的关系。

角色

- 对于夫妻关系中需要什么，你们或许会有不同的看法，为了你们的关系，可能需要做很多没有预想到的事情。

忙来忙去

- 你们对亲近和疏离可能有不同的承受能力（无论是情感上的还是身体上的）。当你们忙来忙去的时候，需要比原先想象的更努力地发出信号。
- 如果有孩子，"去忙"就会难得多。
- 你们每个人使用手机的方式可能需要双方商量（或许比你们想象的更复杂）。

性

- 你们可能需要谈谈怎么改善双方的性生活。
- 如果性生活发生了变化，并不意味着你们合不来。

育儿

- 父母是一个需要不断适应的角色，可能需要改变你们做事的方式。
- 需要努力保持作为夫妻的身份。

正如我希望的那样，如果你们能了解夫妻关系中潜在的困难，也许就能以更好的状态去培养和享受这段关系，而不是觉得这是两个人之间的观念之争。

这项工作很实用（而且还很重要），比如腾出时间来个约会，或者更好地协商工作与社交媒体的界限。我非常希望本书中的想法能体现出我们可能需要做的事情中更微妙的一些方面，更难看到的一些方面；这是一个缓慢且有时会令人沮丧的过程，不仅需要了解我们的伴侣，还要更好地了解我们自己——这样才能了解对彼此的影响，并尽可能地考虑到这一点。这是一种情感的勾画，找出哪些路线能让你们更顺利、更快地到达，哪些会更难，以及如果你们被困住时该怎么处理。这种了解和勾画可能来自有时的误解，有时走入的死胡同，有时犯的一些错误。

对有些人来说，这种彼此了解的感觉太难了。反而是刚开始时对情感的探索更容易，因为那时有好奇心的驱使。这种策略可以奏效，但有可能会使夫妻之间产生疏离感。有时想试图做出努力，但又感觉太难了。有些夫妻觉得他们已经达到极限了，无法完成夫妻关系所需要的工作，双方关系必须结束（尽管成为成功的共同监护人需要付出的努力会很惊人）。至于对孩子的影响，父母能够胜任这项工作而且能够彼此"合作"是很有价值的，即使是已经分居的父母。

有人说，两个人之间的关系是一场"终生的对话"。我还认为这是一项终生的修复工作——是一座情感上的福斯桥（著名的福斯大桥需要超级长的刷漆时间，全部油漆一遍之后就又得开始重新刷漆）。两个人的感受和想法不可能一直都相同，也不可能一直都完美地理解对方。一段婚姻需要一个持续不断的修复、曲解、误解或惹恼对方的过程（争吵有时会引起我们的注意），然后试着比以前更好地理解对方，努力回到正轨上来。

此时此刻，关于洗碗还有什么要说的吗？

我在疫情封控期间开始编织，每次让我惊讶的不仅是我的速度有多慢，还有所有那些小针脚最终都会累积成形（即使只是一个小方块……但我成功了）。这些小针脚让我想起了那些小事情。洗碗从理论上讲就是一件小事情，一件隐藏在生活中所有其他事情背景下，最不起眼的事情。当我们遇到朋友时，我们好像也不会问："嗨，洗碗洗得怎么样了？"但它总是需要去做，它代表着日常的琐事，婚姻中彼此之间的互动，一些看似微不足道的小烦恼，就像我的小针脚一样，最终会累积起来。这种作用是双向的。小小的爱心和关怀会累加，小小的挫折和烦恼也会累加。如果不解决，挫折和烦恼就会积少成多，造成更大的问题。

洗碗也很容易无端引发更大的问题和矛盾冲突。因此，对于每一对坐在我咨询室里的夫妻，他们因为洗碗、对方随意乱放的一杯茶或扔在地上的毛巾而争吵，现在说起这些又相互道歉[①]时，我想说：拜托，请永远不要道歉。也许这就是很重要的事。

[①] 如果你们觉得在家里好像没有那么多可吵的事情，有一些没进入本书正文的，关于吵架的彩蛋，请参见附录2。

附录 1　我的工作和案例研究

我是一名心理动力学夫妻治疗师。简单来说，我的工作重点是研究夫妻关系本身，我与夫妻们合作的方式是与他们一起思考当下发生了什么，并结合他们之前的经历，丰富他们对这一点的理解。创建一个空间，让他们能更清楚地意识到他们的行为和对彼此的反应，以便他们能够从一个感觉被卡住的地方向前发展（这通常是他们寻求治疗的原因）。我还会试图了解他们之间以及我和他们之间在更多的无意识层面上发生了什么，也许这是一个需要时间才能意识到的层面。本书对这方面的关注较少，但这是我工作中很重要的一部分。

多年来，我在很多不同的地方工作过，一直作为夫妻治疗师从事了很多不同的服务行业，同时还在塔维斯托克关系研究所担任高级临床医生，这是一家慈善机构，提供高级实践、培训和研究，为夫妻、个人和家庭提供支持，为那些无力负担的人提供低费用的治疗服务，另外还有私人执业，包括我在伦敦的律师事务所 Family law in Partnership① 所做的与离婚夫妻相关的工作。疫情之前，我所有的工作

---

① 律师事务所的名称，它是有关家庭法的。——译者注

都在伦敦。我的工作涉及不同年龄段、不同来源、不同种族、不同民族的夫妻。但很明显，我只与那些寻求治疗并觉得对他们而言有价值有意义的特定人群合作，所以我的案例研究是基于这些人群的。对于不同人群，甚至是接受治疗的夫妻来说，治疗的适宜性和可及性仍然存在问题，一些夫妻可能会觉得某些治疗师或治疗组织比其他的更有吸引力或价值。

让读者反思他们在本书中看到的问题，并将它们与自己的情况联系起来，这可能有点儿奢求，读者的情况可能在某些方面与我举的例子不同，无论是与他们的特定经历有关的，还是与种族、文化、性或性别等因素有关的。然而，我希望有一些方面可以引起共鸣。

我的角色不是提供建议，所以本书不是一本手册。我确实可以根据我的经验来分析夫妻之间经常会遇到的困难，本书的部分目的就是提供一些这样的背景。通过我的经验和理论训练，我还给大家提供了更多的视角，通过这些视角可以思考夫妻之间可能会遇到的困难，但这是一种微妙的平衡，因为真正重要的是，我认识的每一对夫妻都是独一无二的，都有他们自己独特的经历。我希望在这本书中传达这样一种理念：好奇心和倾听是我们婚姻中重要的起点，我也努力把这一点作为我与夫妻们合作的起点。

每一对夫妻的一些独特性可能会淹没在一本试图将问题分为主题或标题的书中，而案例研究是围绕特定主题构建的快照。在现实的见面中，在夫妻们的真实经历中，捕捉到的细节绝非这样一本书所能容纳的，为了说明主题，有时案例会以比治疗过程中更线性或离散的方式呈现。治疗不是魔法；进展可能缓慢而艰难；事态并不总是以你想象的方式进行，一对夫妻可能会觉得他们好像在倒退，没取得任何进展。我希望你能看到，我在这里介绍的一些夫妻在努力面对他们需要面对的争吵，但他们发现这真的很难，而且他们并非都在寻找解决问题的捷径（因此，在上一章的末尾，我用了福斯大桥的比喻）。

就像每对夫妻不可避免地都会把自己的经历和自己看待事物的角度和方法带到彼此的关系中一样，我也会把自己的经历和想法带到我对他们的治疗中，以及我对他们的描述中。在这两种关系中，都要了解我对他们之间的关系产生的影响以及可能导致的问题。作为一名治疗师，我要一直明白我是谁，以及我生活中的关系和经历对客户产生的影响。理解所有这些的含义以及它们可能带来的问题，是我在自己的治疗、职业社区和个人生活中持续不断的工作。我自己的个人治疗是一个更好地了解自己的空间，这样我就可以尽可能地对每一对寻求治疗的夫妻的独特性敞开心扉。

关于我工作的一个很重要的方面是，我有一位经验丰富且受过专门培训的主管监督。这让我有空间来思考我与夫妻们之间的工作。这不仅仅是质量把控，更是一个富有创造性和反思性的空间，在这里，夫妻问题中看不见的一些方面会显露出来并被加以思考，同时也会引发相应的风险问题。

附录 2　彩蛋

有一些争吵的确没有写进本书里，但考虑到它们出现的频率以及与前述五种争吵的相关性，感觉还是值得一提的。它们还呈现了你们如何将五种争吵的观点应用到不同的日常情况中，帮助你们更好地思考，从而消除潜在的矛盾和冲突。

你让我没法睡觉

如果你们两人一个是夜猫子，而另一个习惯早起，那就会很麻烦。据我的科学理解（并不多），在生理学上几乎没有办法改变这种状况。所以，大喊大叫"你太不体谅别人了"似乎也没有多大用处。相反，一次积极的创意谈话可能会让一对夫妻积极主动地思考更体贴的方式。

上述问题也与打鼾有关。这对夫妻双方来说是一种非常痛苦的情况，需要理解和同情。双方可以进行一次有创意的对话，不要让打鼾者过于抵触，也可以一起思考如何获得帮助，并将影响降到最低。

在上述两个问题上，我们都"思考"了我们对彼此的影响，并试图倾听对方的声音，以创造一种进行创意对话的氛围。

另一个与睡眠密切相关的问题就是睡懒觉了。一旦你们有了孩子，就像离开家会变得更加复杂一样，睡懒觉也会变得很麻烦。当两个人都缺乏睡眠时，我敢保证，这世上真的没有什么能比伴侣在睡懒觉更让人羡慕的了——即使是你主动让对方睡的。

为了能好好睡个懒觉（注意在第 6 章中吉姆和安吉对此有一个很好的安排），我建议：

- 提前商量好各自睡懒觉的时间（与"沟通"一章有关）
- 遵守双方约定好的时间（与"沟通"一章有关）
- 承认睡懒觉对你的意义（与"角色"一章有关）
- 回报对方一个睡懒觉的机会。

你想看的节目我不想看

有些夫妻从来不一起看电视，有些仅仅是一起看而已，有些人两者兼而有之。关于这个问题没有孰对孰错之分。比"我们看什么呢？"更经常出现的争执是"我很难过我们没有一起看电视。"有时只是为了待在一起和一种省钱的共同体验，两人窝在沙发上看电视，即使是你最不喜欢的节目也无所谓，对睡眠不足的新手父母来说，这也许是一件好事，让他们觉得好像两人有一种共同的成年人生活（与"忙来忙去"和"育儿"两章有关）。

假期

假期对一对夫妻和一家人来说是一段美好的时光，但也可能是一场"是按我的方式还是你的方式"的紧张、有压力和昂贵的比赛，有时会比平时激烈得多。对一起出行的渴望，以及对美好假期的希望和梦想，常常会带来巨大压力，以至于没有按原计划进行时就很难处理。对于假期是什么，人们通常有不同的想法——无论是休息还是活动——对于一些人来说，他们喜欢自己的家庭娱乐方式。如果你在一个不熟悉的地方，可能会因为搞不清楚状况而感到焦虑，会不断引发"我们应该怎么做"的争吵。第一次带着孩子去度假是一种全新的度假方式，一定会让你惊愕不已。在家里原本运行得很好的正常分工，现在可能需要重新协商，会让人倍感压力。

我没有那么愤世嫉俗，我喜欢度假，但也很现实地知道度假会产生特定的新的矛盾和冲突。如果你和大家庭一起去，这可能很好，但也可能会很困难。对于工作量的不同想法也可能会产生一些问题，对于有太多事情要做而感到不满的人，在假期中可能会更加强烈地感受到这一点。如果你认为会比平常有更多或更好的性生活，那你周围可能随时都弥漫着五种争吵【与"沟通""家庭""角色""忙来忙去""性"五章（做了父母后矛盾可能会增强）有关】。

关于假期的问题在旅行中同样也有，对于应该什么时候出发去机场，我就见过夫妻们很多种不同的处理方式。通常，这是一个在错误中学习的过程，直到一方放弃了让自己成为负责安排时间的人；或者双方甚至可能决定分开旅行（与"角色"一章有关）。

🧑‍🤝‍🧑 安排时间

与何时出发去机场引发的吵架相关的话题,是对时间安排和准时或迟到的普遍态度。每个人都有自己特定的时间概念,这也是夫妻之间必须相互了解的一点,这样他们才能提前制订好计划,并努力有所创新,可能需要比他们预想的更多的沟通。这也是一种关于角色的拉锯式对话,在这种对话中,也许值得努力改变一下你们之间的互动(参见第3章),尽管这可能会有风险(与"沟通""家庭""角色"三章有关)。

🧑‍🤝‍🧑 节日

我曾不止一次被要求在电台里谈一谈关于如何处理圣诞节困难的家庭互动——这似乎是一个相当常见的主题,无论是圣诞节还是另一个重要的文化节日,都是一个可以引发大家不同感受的领域。

我认为最突出的问题是人们对于重大节日时所有大家庭传统的想法。不仅仅是一对夫妻的想法,也许还有更大家庭的想法。老一代很难让下一代创造他们自己的做事方式,这感觉就像一个压力锅,将所有这些不同的想法融合在一起(我想要一个圣诞广告,它带我们商量完所有必须要商量的事情,然后才把圣诞大餐摆上餐桌)。[与"家庭"一章有关]

我们也不要忘记和"角色"相关的元素。无论是生日还是节日,庆祝活动都会带来额外的工作,尤其是和孩子们相关的事情,会因为谁做了什么或谁做得更多而产生怨恨,除非有良好的沟通渠道来解决这些问题(与"沟通"和"角色"两章有关)。

开车

我经常听到关于开车的争吵,这些争吵好像是关于我们应付自如的不同角色——我们能让我们的伴侣来开车吗?我们能相信他们会负责吗?这一角色是不是最好留给一个人呢?汽车之旅可以很好地比喻两个人的关系(两个人一起摸索如何度过坎坷),但实际上也是两个人感觉被困在一起,惹彼此生气的地方。在汽车旅行或关系中加入孩子,会使旅行或关系变得更加困难。

有时我们必须让我们的伴侣来掌控局面,反之亦然,否则我们永远无法到达我们需要去的地方。如何分担旅途中的焦虑是很重要的。如果一个人觉得他必须事必躬亲,那么有些事就需要重新协商。"负责的人"能让对方来掌控一些事情吗?对方能更努力地沟通,好让负责的人安心吗(并倾听伴侣的意见,了解伴侣的极限可能是什么)?〔与"沟通"和"角色"两章有关〕

回家路上的争吵

两个人一起待在某个地方,彼此相处得很好,但在回家的路上却大吵了一架,这是怎么回事?无论是参加朋友聚会还是父母聚会,有时都会让一对夫妻感到惊讶,或者至少对其中一人来说是如此,因为五分钟前一切还是非常顺利的。

在某种程度上,我喜欢把这类争吵看作亲密的表现,不需要担心什么,只要这不是一场讨厌的、敌对的或暴力的争吵。当我们外出或在公共场合时,我们展示了自己的最佳状态(可能不是心甘情愿的);只有在伴侣面前,我们才能真正放松下来。我们在外出时可能会有很多困难的感受——比如在某些场合感到害羞，或者在某些对伴侣来说很重要的场合，觉得自己是个多余的角色，或者担心老师说孩子不在状态、没有进步，或者焦虑长辈谈论你们育儿的方式——其中的任何一种情绪，都必须要一直保持到我们回家的那一刻去努力处理并代谢掉，这些无法抑制的情绪表达很可能与我们需要解决的问题有关，但需要到另外一个环境里再讨论（或修复），因为在回家的路上（尤其是在喝了酒或疲劳的情况下）这样做可能不是最佳选择（与书中提及的"五种争吵"都有关系）。

马桶座圈

我简直不愿相信本书会在讨论完以下话题后结束——马桶座圈应该是朝上还是朝下。这是一种低级的争论，不过可能真的会让人抓狂，所以也许它和其他争论一样有其存在的意义。

我想说的是，如果你每次去厕所时，都对伴侣处理马桶座圈的方式很生气，那么这个问题就需要解决了。这绝对是你需要面对的一种争吵，要努力解决，这样才不会破坏所有的善意。这时需要思考你们对彼此的影响，你们需要什么，而不是去争论什么是正确的。伴侣希望你放下马桶座圈（或者你希望他们放下，或者别再数落你不放），这些可能都是你觉得不被尊重或关心的感受，值得关注和更多的了解。在你家里，如果你一直这样做可能会很难，也许这是一场不值得一提的战斗（不像那对传闻中的夫妻，真的因为这个问题就对簿公堂了）。
[与"沟通"和"家庭"两章有关］

致　谢

你们可能已经猜到,我会写一篇很长的致谢……这对我来说是很重要的一部分。当然,如果我忘记了某人,我很抱歉,很多时候无法用语言表达我的深切感激,无法描述我获得的巨大帮助。事实上,很难决定从哪里开始或到哪里结束。与朋友、熟人和周围的人进行的许多对话和经历都感染了我,也塑造了我的思想。有那么多人支持我,我再也不会以同样的方式看待一本书了,我知道了出版这本书(或者也许是成就我)需要依靠多少人的帮助。

这本书的构思是在午餐时和朋友们一起提出的——我们都因为蹒跚学步的孩子而疲惫不堪,谈论着我们都是因为同样的事情而和伴侣争吵。我丈夫鲁珀特建议我把这些对话变成一本书。他一直在唠叨我,让我相信我能做到,我们之间的关系是这本书在某种程度上得以实现的原因。

让这个想法变成现实的是我光彩照人、沉着冷静、技艺高超的经纪人夏洛特·梅里特(Charlotte Merritt)。当我刚感染新冠肺炎,卧床休养时,她总是那么令人钦佩、尽心尽力,娴熟地协商本书的出版事宜,永远不离不弃地支持我。也感谢安德鲁·纳伯格(Andrew

Nurnberg）的所有团队，你们在不同国家销售这本书令人振奋、激动人心。

我不知道怎么写书。感谢海伦·康福德（Helen Conford）最初在Profile①接受了这本书，用睿智的语言讲述了如何开始。感谢詹姆斯·雷班克斯（James Rebanks）和凯西恩·阿尔托（Kathyrn Aalto），他们的在线写作课程给了我信心和灵感。在这方面，最最感谢丽贝卡·格雷（Rebecca Gray），我的出版商，一位技巧娴熟、热情、幽默风趣的编辑。你的想法、评论和信心都让我感恩一直有这么好的公司和可以信赖的人。

非常感谢Profile的所有团队。你们都一直这么友好而专业。安娜·玛丽·菲茨杰拉德（Anna Marie Fitzgerald），感谢你在宣传方面的辛勤工作和出色表现。佩尼·丹尼尔（Penny Daniel），谢谢你这么耐心地处理一切，佩尼·加德纳（Penny Gardiner），谢谢你娴熟的编辑。感谢卡拉·辛格尔顿（Calah Singleton）和扎拉·塞尔·阿什拉夫（Zara Sehr Ashraf）为我付出的辛勤工作。谢谢安娜·莫里森（Anna Morrison）和史蒂夫·潘顿（Steve Panton）设计的封面。感谢纳撒尼尔·麦肯齐（Nathaniel McKenzie）为本书有声读物所做的工作。

我非常感谢塔维斯托克关系研究所和我所有的同事，有太多太多的感谢。多年的客户工作、监督、培训、会议、在厨房和走廊的对话以及现在的视频会议，真的都是本书的基石。感谢临床团队、预约分配和接待团队中的每一个人，我真的很感谢你们所做的一切，让我与客户的工作成为可能，并创造了这么好的环境。感谢希瑟·威廉森（Heather Williamson）多年来的专业帮助和带给我的笑声，感谢萨姆·艾哈迈德（Sam Ahmad）、瓦妮莎·卡恩斯（Vanessa Kearns）、

---

① Profile Books Ltd，扉页中独立出版社的名称。——译者注

曼迪普·马塔鲁（Mandip Matharu）和安德烈亚·舒勒（Andrea Schuller），感谢你们多年来为我的工作所做的一切。也感谢克莱尔·奇瑟姆（Clare Chisholm）和所有的行政和财务团队，你们在幕后的所有付出使得与客户的合作成为可能。感谢约翰·芬纳（John Fenna）给我机会写关于夫妻的文章，并帮我处理我的工作。感谢我的首席执行官安德鲁·巴尔福尔（Andrew Balfour），感谢你领导塔维斯托克关系研究所这个团队，并创造了一个这么好的写作环境。感谢你花时间阅读、评论本书，感谢你的鼓励。达米安·麦卡恩（Damian McCann）和戴维·休伊森（David Hewison），感谢你们帮助我思考写作时需要解决的一些复杂问题。感谢罗德斯（Rhodes）和凯特·汤普森（Kate Thompson）对这本书的慷慨鼓励。感谢利莫尔·阿布拉莫夫（Limor Abramov）和朱迪丝·杰米森（Judith Jamieson）多年来的支持。

感谢珍妮特·纽曼（Janet Newman）、萨拉·维卡里（Sarah Vicary）和普雷西卡·钱德拉（Preethika Chandra）在本书的形成阶段对我的监督和指导，你们的热情、幽默和对工作的尽职一直激励着我。感谢你们所有人的评论和阅读，感谢你们的友谊和善良。感谢这些年来我所有的同事和主管，我从你们身上学到了很多，并一直在学习。感谢约翰·古德柴尔德（John Goodchild），他是我在总结中提到的培训主管。

感谢我在塔维斯托克关系研究所的主管吉恩·彭南特（Jean Pennant）——没有您就没有这本书。书中的想法都是在您的小组中度过的这几年发展出来的，其中很多都是来自您。我希望这本书能在某种程度上表达您让我的创作成为可能的深深感激。我非常感激您所塑造的工作风格和方式，我试图在写作中表达我的渴望和努力。您将温暖、智慧、幽默和善良与严谨的理论基础结合起来。您从不评判别人，也不让我们把自己看得太重，我希望这本书可以恰如其分地表达您的想法，也感谢您对第 5 章的具体评论。

感谢艾维·斯穆利（Avi Shmueli），你在很多方面帮助了我和这本书，感谢你对第 7 章的帮助。感谢我的私人主管莉兹·哈姆林（Liz Hamlin）帮助发展我的事务所和我自己。和你在一起真的让我懂得了如何看待离婚和分居，你帮助我成长了很多，也让我更相信自己。

感谢 FLIP① 的所有人——感谢你们所有的支持，感谢你们对离婚和分居明智而创新的做法，感谢你们的幽默风趣。成为你们团队的一员，有机会与你们一起思考并努力交流重要问题让我能够自信地发展和成长，也让这本书获得了新的生机。也谢谢你们在我工作的时候对我的耐心，我真的很感激。特别要隆重地感谢温迪·霍雷（Wendy Hoare），一直不辞辛劳、那么努力地在各方面帮助我。

感谢劳拉·吉本斯（Laura Gibbons），您是我的朋友，也是我的同事，负责管理我的虚构案例研究，这是一个实验，作为本书进展的一部分，是一个非常重要而富有创造性的过程。感谢您阅读手稿，并以您的仁慈、耐心、清晰的洞察力鼓舞我继续前进。我非常珍视我们的友谊，总有许多话要说，但时间永远不够。感谢克里斯蒂娜·格劳修斯（Krisztina Glausius）阅读了手稿，给了我你的善良、智慧和幽默感。感谢雷切尔·凯利（Rachel Kelly）的智慧、建议和慷慨，很高兴与你分享。谢谢你，苏西·奥巴赫（Susie Orbach）——你是我的榜样，这些年来你一直激励着我，你的书对我产生了巨大的影响。

前面提到的新冠肺炎疫情变得比想象中要久，再加上孩子在家上学的压力，让我无法在想象中那么平静或充满活力的环境中坐下来写作。我要感谢很多人，因为他们让我仿佛回到了我的办公桌前。首先，

---

① 伦敦的事务所，前面有备注。——译者注

感谢我的家人，感谢你们和我在一起，封控期是如此困难，身为一个母亲/妻子，满腹想法却又无从下笔，还有来自交稿截止日期的压力，让这一切都变得更加困难。感谢那些帮助我的孩子们渡过难关的老师，他们也帮助了我。你们作为老师所扮演的角色是我们成人心理健康和创造力的一切。也感谢弗雷迪·布斯（Freddie Booth）在这一点上的帮助。

我没有想到，躲避一些责任来换取写作所需的身心空间是这么困难。这需要依靠太多人的帮助和善意。当我意识到在厨房餐桌上写作是一个灾难性的计划时，感谢罗汉·席尔瓦（Rohan Silva）在封控的前几天在第二家园（Second Home）为我准备的一张书桌。费伊（Fay）、罗萨娜（Rosana）、娜塔莎（Natasha）、米歇尔（Michelle）、贝基（Becky）还有丽莎（Lisa）——你们在不同的时间帮我照顾了所有的事情（包括宠物！），为我创造了宝贵的空间。我孩子周围的学校社区给予了巨大的支持，我很感激你们在我继续做这项工作的同时对我的支持（有时照顾我的孩子）。

感谢我的精神分析师伯纳德·罗伯茨（Bernard Roberts）博士的关心和深刻见解。你帮助我澄清并理解了这本书的全部内容。事实证明，我真的很喜欢写作，我非常感谢你帮助我解决了"我需要与自己争论的问题"。

对于我所有的好朋友，你们用你们的耐心和支持，无论是道义上还是实际中，帮我度过了这段日子。这些年来与你们的多次交谈以及你们的丰富经验教会了我很多东西，对我帮助很大，你们中的一些人在特别的主题上给了我非常有用的视角，或者不遗余力地帮助我。与你们交谈是一种极大的奢侈，在我睡梦中，我都很想念你们。

感谢我的大家庭，包括我的公公和婆婆，感谢你们所有的支持、爱和帮助，感谢你们向我展示的各种不同的关系模式，这些模式帮助我塑造了思维，帮助我进步。特别感谢我的妈妈——没有你我做不到这些。感谢你这么多年来给予我们的所有爱。

感谢我的孩子和我的丈夫鲁珀特。这本书是爱的结晶，是你们让这一切成为可能——我深爱你们所有人，虽然离开你们抽身去写作有时真的很痛苦，但因为想为你们做这件事，所有辛苦都是值得的。谢谢你，鲁珀特，你教会了我比任何人都多的婚姻关系，也谢谢你帮我收拾垃圾箱还有其他的事情。我不想因为这些事和任何人争吵。

最后感谢多年来与我合作的客户。感谢你们出现并投入到治疗中，支持我并与我一起思考和工作。我真的非常喜欢和你们一起工作，感到无比荣幸。